WISO

Ein Nachschlagewerk für das Prüfungsfach Wirtschafts- und Sozialkunde

- ❏ Für alle Auszubildenden, die ihre Prüfung auch in dem Fach WISO bestehen wollen

- ❏ Für Meister und Ausbilder, die an den prüfungsrelevanten Inhalten ihrer Auszubildenden interessiert sind und sich informieren wollen

- ❏ Für Berufsschullehrer, die sich auf der Suche nach prüfungsrelevanten Themen für das Fach WISO befinden

WISO dient dem Ziel, rechtliche, wirtschaftliche und gesellschaftliche Zusammenhänge darzustellen.

Achim Berlin

westermann

Vorwort

Angst vor Prüfungen? Sicherheit im Unterricht erwerben?

Dann haben Sie mit

WISO

das richtige Buch in Händen, um sich für Ihre Prüfung fit zu machen.

Diese **vollständige Neubearbeitung** von **WISO** berücksichtigt

– die Aktualität der Inhalte (Juni 2010) und
– die gesamten **Ausbildungs- und Prüfungsgegenstände** für den Unterricht in der Berufsschule im Bereich Wirtschafts- und Sozialkunde für **gewerblich-technische Ausbildungsberufe**.

Dabei wird ausnahmslos der Inhalt der neuen Ausbildungs- und Prüfungsgegenstände vollständig dargestellt.

Ein Angebot, dass auch allen **anderen Auszubildenden** und **Lernenden** für Klassenarbeiten und Prüfungen nützlich sein kann.

Das Buch enthält somit die vollständigen **drei neuen Prüfgebiete** als eigene Kapitel:

I Der Jugendliche in Ausbildung und Beruf

II Nachhaltige Existenzsicherung

III Unternehmen und Verbraucher in Wirtschaft und Gesellschaft sowie im Rahmen weltwirtschaftlicher Verflechtungen

Zahlreiche praxisnahe Beispiele verdeutlichen die Relevanz der Themen und tragen zur Verständlichkeit bei.

Die einzelnen Inhalte sind dem **Inhaltsverzeichnis** zu entnehmen. Im **Sachwortverzeichnis** am Ende des Buches können Sie alle erklärten Begriffe nachschlagen.

Viel Erfolg wünscht Ihnen der Verfasser.

Inhaltsverzeichnis

5. Individuelle Vermögensbildung 40
    5.1 Formen der Geldanlage 40
    5.2 Vermögenswirksame Leistungen 41
    5.3 Vermögensbildung und Altersvorsorge 42
6. Lohnformen 43
    6.1 Zeitlohn 43
    6.2 Leistungslohn 43
    6.3 Beteiligungslohn 44
7. Steuern und Transferleistungen des Staates 45
    7.1 Steuern: Begriffe und Einteilungsmöglichkeiten 45
    7.2 Einkommensteuer und Einkommensteuererklärung 46
    7.3 Transferleistungen des Staates: Sozialhilfe, Wohngeld,
         Elterngeld und Kindergeld 48
8. Planung von Karriere und Familie 50

**Themenfeld III   Unternehmen und Verbraucher
                    in Wirtschaft und Gesellschaft**

1. Ziele, Aufgaben und Aufbau von Betrieben und Unternehmen 51
    1.1 Beschaffung 51
    1.2 Fertigung, Fertigungskontrolle 52
    1.3 Absatz, Werbung, Public Relations 53
    1.4 Aufbau- und Ablauforganisation 53
    1.5 Organisation der Verwaltung und Datenverarbeitung 55
2. Kosten und betriebliche Leistungsmaßstäbe 55
    2.1 Grundlagen der Kosten- und Erlösrechnung 55
    2.2 Analyse von Bilanz und Erfolgsrechnung 56
    2.3 Rechtsformen an Beispielen 57
    2.4 Wirtschaftliche Verflechtungen 59
3. Rolle der Verbraucher und Konsumgewohnheiten 59
    3.1 Bedürfnisse, Bedarf, Kaufkraft, Wirtschaften 59
    3.2 Haushaltsplan und Überschuldung 61
    3.3 Kaufvertrag mit Störungen und Verbraucherrechte 61
    3.4 Weitere Verträge: Dienst-, Werk-, Miet- und Pachtvertrag,
         Leasing, Bürgschaft 67
    3.5 Rechtliche Durchsetzung von Geldansprüchen 69
    3.6 Verbraucherschutz und -beratung 70
    3.7 Kreditvertrag 71
4. Existenzgründung 72
5. Soziale Marktwirtschaft und Globalisierung 74
    5.1 Grundregeln der Marktwirtschaft 74
    5.2 Unsere Wirtschaftsordnung: Die soziale Marktwirtschaft 74
    5.3 Arbeitsteilung als Merkmal einer Marktwirtschaft 75
    5.4 Globalisierung und seine Auswirkungen 76
    5.5 Ziel und Inhalt des Datenschutzes 77
    5.6 Allgemeines Gleichbehandlungsgesetz 78
Sachwortverzeichnis 79

Themenfeld I   Der Jugendliche in Ausbildung und Beruf

1.   Aus-, Fort- und Weiterbildung

Der Ausbildungsberuf

Die staatliche Anerkennung eines Ausbildungsberufes, von denen es in Deutschland über 300 gibt, übernimmt der jeweilige Fachminister beim Bund (Bundesarbeits-, Bundeswirtschaftsminister). Arbeitgeber- und Arbeitnehmerverbände/Gewerkschaften wirken an diesem Anerkennungsverfahren mit.

Die Berufsausbildung in Deutschland erfolgt im Rahmen des „**Dualen Systems**", das heißt, dass die Ausbildung an den Lernorten **Berufsschule** und **Betrieb** erfolgt.

Die Berufsschule vermittelt die eher theoretischen, der Betrieb die praktischen Ausbildungsinhalte; die Berufsschule sorgt auch für die Erweiterung der allgemein bildenden Inhalte, die jeder Bürger benötigt (z.B. Deutsch, Englisch, Politik). Gesetzliche Grundlage der Ausbildung des Betriebes ist das **Berufsbildungsgesetz**.

Die Inhalte der Berufsschule werden durch Schulgesetze der jeweiligen Kultusministerien der Bundesländer bestimmt.

Die Vertragspartner in der Ausbildung

Ob ein Betrieb ausbilden darf, wird von der jeweils zuständigen Kammer (**HWK** = Handwerkskammer, **LWK** = Landwirtschaftskammer, **IHK** = Industrie- und Handelskammer, Ärztekammer usw.) festgestellt.

Neben der fachlichen **Eignung des Ausbildungsbetriebes** ist auch die persönliche Eignung des Ausbildenden vorgeschrieben.

Umschulung und Fortbildung/Weiterbildung

Ein Sonderfall der beruflichen Ausbildung sind die **Umschulung** und die **Fort- und Weiterbildung**.

Den gesetzlichen Auftrag, Umschulungen und Fortbildungen finanziell zu fördern, hat die Bundesagentur für Arbeit mit ihren Zweigstellen in den Bundesländern, Kreisen und Städten. Das zuständige Gesetz ist das **Arbeitsförderungsgesetz** (AFG). Es soll dazu beitragen, dass weder Arbeitslosigkeit noch minderwertige Beschäftigung eintreten oder fortdauern. Auch soll der Arbeitnehmer in der Lage sein, sich beruflich den immer schneller wandelnden Anforderungen des Berufslebens anpassen zu können; diese **berufliche Flexibilität** oder Mobilität verlangt nach der Ausbildung eine regelmäßige Fort- und Weiterbildung.

Nach dem AFG bedeutet **Umschulung** eine Ausbildungsmaßnahme für Erwachsene, die den Übergang in eine andere, zukunftsorientierte Tätigkeit ermöglichen soll.

Die Überwachung von Umschulungsmaßnahmen obliegt den Kammern ebenso wie die Abnahme der Prüfung nach der Umschulung. Die Abschlussprüfung von Umschülern ist identisch mit der Abschlussprüfung der Auszubildenden.

Die **berufliche Fortbildung** soll die beruflichen Kenntnisse und Fertigkeiten erhalten, erweitern und der Entwicklung anpassen, auch um beruflich aufzusteigen. Diese Fortbildung im erlernten Beruf wird häufig der **Weiterbildung** gegenübergestellt, bei der auch neue Berufe erlernt werden. Ziel der beruflichen Fort- und Weiterbildung ist es, den sich ständig verändernden Anforderungen im beruflichen und gesellschaftlichen Leben im Sinne des **lebenslangen Lernens** gerecht zu werden.

2. Das Berufsbildungsgesetz (BBiG)

Das BBiG ist ein Bundesgesetz, das der Bundestag und Bundesrat beschlossen haben. Unter der **Berufsbildung** im Sinne des Gesetzes sind die folgenden Begriffe zusammen gefasst:

- Berufsausbildungsvorbereitung: In Berufsschulen wird an eine Berufsbildung in einem anerkannten Ausbildungsberuf herangeführt.
- Berufsausbildung im Rahmen des dualen Systems
- Umschulung
- Fortbildung

Nach dem BBiG ist jede Kammer verpflichtet **Ausbildungsberater** zu beschäftigen. Diese unterstützen Betriebe, die ausbilden möchten. Der Ausbildungsberater vermittelt auch bei Konflikten zwischen Auszubildenden und Betrieben, um Ausbildungsabbrüchen vorzubeugen.

In dem jeweiligen Ausbildungsberuf darf nur nach der bundeseinheitlichen **Ausbildungsordnung** ausgebildet werden. Diese regelt verbindlich

- die Ausbildungsdauer,
- die zu vermittelnden Fertigkeiten und Kenntnisse (Ausbildungsinhalte),
- den zeitlichen Ablauf der Ausbildung (**Ausbildungsrahmenplan**) und
- die Prüfungsanforderungen.

Der Ausbildungsbetrieb muss dem Auszubildenden die Ausbildungsordnung vor Beginn der Ausbildung kostenlos aushändigen und daraus einen betriebsbezogenen, gegliederten **Ausbildungsplan** zu erstellen.

Jeder Auszubildende muss während der gesamten Ausbildungszeit regelmäßig (mindestens monatlich) den **Ausbildungsnachweis** in Form eines Berichtsheftes führen, in dem die tatsächlich ausgeübte Tätigkeit stichwortartig beschrieben wird. Unvollständige bzw. fehlende Ausbildungsnachweise können eine Nichtzulassung zur Abschlussprüfung zu Folge haben.

3.   Der Ausbildungsvertrag – Form, Inhalt, Beendigung

Unmittelbar nach der Zusage zur Ausbildung, noch vor Ausbildungsbeginn, muss der Ausbildungsbetrieb den **Ausbildungsvertrag** schriftlich vorlegen.

Vertragspartner sind der **Ausbildende** (Betrieb) und der **Auszubildende** und – bei Minderjährigen – auch die gesetzlichen Vertreter, die den Vertrag mit unterschreiben müssen.

Der Ausbildungsvertrag mit beigefügtem Ausbildungsplan muss unverzüglich der Kammer zur Prüfung zugeleitet werden, die auch das Verzeichnis aller Berufsausbildungsverhältnisse in ihrem Bezirk führt.

Der **Ausbildungsvertrag** muss folgende **Mindestinhalte** aufweisen:

1. Art, Gliederung und Ziel der Ausbildung (z. B. Industriemechaniker)
2. Beginn und Dauer der Ausbildung (z. B. 01.08.2009 bis 31.07.2012)
3. Überbetriebliche Ausbildungsmaßnahmen der Innung oder Kammer
4. Dauer der regelmäßigen täglichen Ausbildungs-/Arbeitszeit.

Minderjährige: Die Arbeitszeit beträgt laut Jugendarbeitsschutzgesetz (JASchG) 8 Std. täglich, 40 Std. in der Woche als Regelfall. Minderjährige Berufsschüler dürfen an ihrem „Stammtag" nach mindestens 6 Unterrichtsstunden nicht mehr beschäftigt werden. am 2. Schultag ist die tatsächliche Unterrichtszeitzeit auf die Wochenarbeitszeit anzurechnen. Bei Blockunterricht gelten 25 Wochenstunden an 5 Tagen als volle Arbeitswoche.

Noch etwas: An einem vor 9 Uhr beginnenden Unterrichtstag dürfen Auszubildende vorher nicht in ihrem Betrieb beschäftigt werden – dies gilt auch für volljährige Auszubildende.

Volljährige können nach der Berufsschule beschäftigt werden, dabei werden die tatsächlichen Unterrichtsstunden auf die Wochenarbeitszeit angerechnet.

5. Dauer der **Probezeit** (mindestens einen, höchstens vier Monate)
6. Zahlung und Höhe der Vergütung
7. Dauer des Urlaubs
8. Kündigungsmöglichkeiten in der Ausbildung
9. Hinweise auf Tarifverträge oder Betriebsvereinbarungen, die in der Ausbildung gelten (z. B. Freistellung für politische Weiterbildungen)

Pflichten der Vertragspartner in der Ausbildung

Der **Ausbildungsbetrieb** hat die berufliche **Handlungsfähigkeit** (Kenntnisse, Fertigkeiten und Fähigkeiten) als Hauptpflicht zu vermitteln, Material und Werkzeuge kostenlos bereit zu stellen, die charakterliche Förderung des jungen Menschen mit zu übernehmen und ihn für die Berufsschule und überbetriebliche Ausbildungen frei zu stellen. Auch hat er ihn zur Führung des **Ausbildungsnachweises** (Berichtsheft) anzuhalten und es zu kontrollieren.

Der **Auszubildende** dagegen verpflichtet sich zu **lernen**, an den vorgeschriebenen Prüfungen und dem Berufsschulbesuch teilzunehmen, den Weisungen, die im Rahmen der Ausbildung erteilt werden, zu folgen und zur Beachtung der Betriebsordnung und pfleglichen Behandlung der Arbeitsmittel. Auch hat er über betriebliche Dinge Stillschweigen zu bewahren.

Nach dem BBiG **endet** das **Ausbildungsverhältnis**

a) mit Bestehen der Prüfung, wenn diese **vor Vertragsabschluss** liegt oder

b) mit Ablauf des Vertrages, wenn dieser **vor dem letzten Prüfungsteil** liegt.

Beispiel

Endet die Ausbildung am 31.07. und die letzte Prüfung findet am 16.06. statt, ist die Ausbildung am 16.06. beendet. Arbeitet der ehemalige Auszubildende im Betrieb weiter, liegt ein unbefristeter Arbeitsvertrag vor und damit das Recht auf ein entsprechendes Gehalt.

Endet der Vertrag am 31.07. und der letzte Prüfungsteil erfolgt am 15.08., ist die Ausbildung mit dem 31.07. beendet; natürlich macht der ehemalige Auszubildende dann die Prüfung zu Ende.

Sollte ein Auszubildender nach bestandener Abschlussprüfung den Betrieb wechseln wollen, ist dazu keine Kündigung nötig, da der Vertrag beendet ist. Eine rechtzeitige Unterrichtung des ausbildenden Betriebes sollte erfolgen, was natürlich auch für den Betrieb gilt, der den Auszubildenden rechtzeitig vor der Prüfung über seine Chancen auf Weiterbeschäftigung informieren sollte.

Arbeitszeugnisse

Bei Beendigung der Ausbildung ist dem Auszubildenden ein **Arbeitszeugnis** auszustellen. Es enthält Angaben über Art, Ziel und Dauer der Ausbildung sowie über die erworbenen beruflichen Fertigkeiten, Fähigkeiten und das Verhalten im Betrieb. Dieses ausführliche Zeugnis ist ein so genanntes **qualifiziertes Arbeitszeugnis**.

Das **Bundesarbeitsgericht**, das höchste deutsche Arbeitsgericht, hat entschieden, dass ein Zeugnis „wohlwollend" zugunsten des Arbeitnehmers formuliert, aber auch „wahr" sein muss. Daher hat sich in Deutschland ein **Zeugniscode** entwickelt, der mit Umschreibungen Schwächen des zu Beurteilenden formuliert.

Bewertung der Gesamtleistung

Formulierung	Bewertung
… stets zu unserer vollsten Zufriedenheit …	sehr gut
… stets zu unserer vollen Zufriedenheit …	gut
… stets zu unserer Zufriedenheit …	befriedigend
… zu unserer Zufriedenheit …	ausreichend
… im Großen und Ganzen zu …	mangelhaft
… zu unserer Zufriedenheit zu erledigen versucht …	ungenügend

Bewertung des Arbeitserfolgs und der Arbeitsweise

Formulierung	Bewertung
… stets mit größter Sorgfalt und Genauigkeit …	sehr gut
… mit großer Sorgfalt und Genauigkeit …	gut
… mit Sorgfalt und Genauigkeit …	befriedigend
… im allgemeinen mit Sorgfalt und Genauigkeit …	ausreichend

Ist der zu Beurteilende mit dem Zeugnis nicht zufrieden, sollte er versuchen, sich mit seinem Arbeitgeber zu einigen. Gelingt dies nicht, ist eine Schlichtung bzw. eine Klage beim Arbeitsgericht möglich. Bei einem sehr schlechten Zeugnis muss der Arbeitgeber Beweise haben. Für ein sehr gutes bis gutes Zeugnis liegt die Beweislast aber beim Arbeitnehmer selbst.

Es kann auch ein **einfaches Arbeitszeugnis** ausgestellt werden. Dieses enthält neben den Angaben zur Person des Arbeitnehmers nur die Art und Dauer der Beschäftigung sowie eine kurze Beschreibung der Tätigkeiten.

4. Das Jugendarbeitsschutzgesetz (JArSchG)

Das **Jugendarbeitsschutzgesetz** soll alle jungen Arbeitnehmer zwischen 15 und 18 Jahren (Auszubildende und andere Arbeitnehmer) vor einer Gefährdung ihrer Gesundheit oder einer Störung ihrer Entwicklung bewahren.

Nachstehend einige gesetzliche Regelungen:

- **Kinderarbeit**, d.h. Beschäftigung von Personen unter 15 Jahren ist verboten; Ausnahme: leichte Tätigkeiten wie Prospekte austragen.
- **Arbeitszeit**: höchstens 8 Stunden pro Tag und 40 Stunden in der Woche.
- **Berufsschulbesuch** (s.o.)
- **Prüfung**: Freistellung für alle Prüfungstage und am Tag **vor** der schriftlichen Prüfung
- **Ruhepausen**: Bei einer Arbeitszeit von 4,5 bis 6 Stunden = 30 Minuten
  Bei einer Arbeitszeit über 6 Stunden = 60 Minuten
  Pausen müssen mindestens 15 Minuten umfassen.
- **beschäftigungsfreie Zeit**: Zwischen Arbeitsende und nächstem Arbeitsbeginn müssen mindestens 12 Stunden liegen.
- **Nachtruhe**: Jugendliche dürfen nur von 6.00 bis 20.00 Uhr arbeiten; Ausnahmen beispielsweise in Gaststätten (bis 22.00 Uhr), in Bäckereien (ab 4.00 Uhr für 17-Jährige, ab 5.00 Uhr für 16 Jährige).
- **5-Tage-Woche**: Jugendliche dürfen nur an insgesamt 5 Tagen in der Woche arbeiten und sollen grundsätzlich an Wochenenden frei haben.
- **Urlaub**: Unter 16 Jahren = mindestens 30 Werktage
  Unter 17 Jahren = mindestens 27 Werktage
  Unter 18 Jahren = mindestens 25 Werktage

Gelten Tarifverträge und ist die Urlaubsdauer dort länger (z.B. 30 Tage), gilt der längere Urlaubsanspruch auch für die Jugendlichen. Es gilt dann das so genannte **Günstigkeitsprinzip**, wonach immer die Regelung für Arbeitnehmer gilt, die für diese am günstigsten ist.

- **Beschäftigungsverbote**: Arbeit unter Tage, Akkord- und Fließbandarbeit, gefährliche Arbeiten (Lärm, Strahlen, außergewöhnliche Hitze, Kälte, Nässe, mit gefährlichen Stoffen)
- **Gefahrenschutz**: Der Ausbilder muss den Jugendlichen über Gefahren im Betrieb informieren.
- **Ärztliche Untersuchungen**: Vorgeschrieben sind je eine Untersuchung **vor** Beginn der Ausbildung **und** ein Jahr nach Beginn der Ausbildung – natürlich nur, wenn der oder die Jugendliche dann noch nicht volljährig ist.
- Kontrolle durch das **Gewerbeaufsichtsamt**.

5.   Kündigungsmöglichkeiten in der Ausbildung

In der **Probezeit** darf der Ausbildungsvertrag von beiden Vertragspartnern ohne Angabe von Gründen – aber schriftlich – gekündigt werden. **Nach der Probezeit** kann das Ausbildungsverhältnis nur gekündigt werden:

a) aus einem **wichtigen Grund** (fristlose Kündigung) **von beiden Seiten** ohne Einhalten einer Kündigungsfrist, z. b. bei Diebstahl, Tätlichkeit, regelmäßigen Verspätungen, sexueller Belästigung – diese Kündigung ist unwirksam, wenn die Tatsachen länger als zwei Wochen dem zur Kündigung Berechtigten bekannt sind. Der **Ausbildungsbetrieb** kann nach der Probezeit nur aus wichtigem Grund kündigen,

b) vom **Auszubildenden** mit einer Kündigungsfrist von 4 Wochen, wenn er die Berufsausbildung aufgeben oder sich für eine andere Berufstätigkeit ausbilden lassen will.

In beiden Fällen muss die Kündigung **schriftlich** und unter Angabe der Kündigungsgründe erfolgen.

6.   Die Ausbildungsvergütung

Die **Ausbildungsvergütung** (brutto = noch ohne Abzüge) muss mit fortschreitender Berufsausbildung jährlich erhöht werden. Ob die Ausbildungsvergütung dem geltenden Mindestsatz entspricht, kann der Auszubildende im Lohn- oder Gehalts-Tarifvertrag nachlesen bzw. im Ausbildungsvertrag nachsehen, der die Vergütungen für die jeweiligen Jahre darstellt. Der **Auszahlungsbetrag** ergibt sich aus dem Bruttobetrag abzüglich der **Sozialversicherungsabgaben** und möglicher Abzüge für vermögenswirksame Leistungen, beispielsweise für den Bausparvertrag. Er soll spätestens am letzten Arbeitstag des Monats ausgezahlt werden.

Erkrankt der Auszubildende/Arbeitnehmer und wird dadurch arbeitsunfähig, so ist die Vergütung vom Betrieb bis zu einer Dauer von 6 Wochen weiter zu zahlen (= **Entgeltfortzahlungsgesetz**). Bleibt der Auszubildende/ Arbeitnehmer weiterhin erkrankt, erhält er ab der 7. Woche Krankengeld von der Krankenkasse.

7.   Die Abschlussprüfung

In den anerkannten Ausbildungsberufen werden Abschlussprüfungen durchgeführt. Die Kammer hat dafür eine **Prüfungsordnung** zu erstellen. Die Prüfung kann im Falle des **Nichtbestehens** zweimal wiederholt werden.

Durch die **Abschlussprüfung** wird festgestellt, ob der Prüfling die **berufliche Handlungsfähigkeit** erworben hat. In ihr soll er nachweisen, dass er die erforderlichen beruflichen Fertigkeiten beherrscht, die notwendigen beruflichen Kenntnisse und Fähigkeiten besitzt und mit dem im Berufsschulunterricht vermittelten Lehrstoff vertraut ist.

Die Überprüfung allgemein bildender Kenntnisse, die in der Berufsschule vermittelt werden (Deutsch, Religion, Sport, Englisch), sind **keine** eigenständigen Prüfungsfächer. Prüfungsfach in jeder Prüfung ist das Fach **WISO**, das rechtliche und wirtschaftliche Zusammenhänge beinhaltet.

Der **Prüfungsausschuss** besteht aus mindestens 3 Mitgliedern; dem müssen mindestens je ein Arbeitgebervertreter, ein Arbeitnehmervertreter sowie mindestens eine Lehrkraft einer beruflichen Schule angehören.

Der Prüfungsausschuss führt die praktische Prüfung durch, errechnet unter Einbeziehung der schriftlichen Prüfung die jeweiligen Noten und entscheidet über das Gesamtergebnis.

Zur **Abschlussprüfung** ist **zuzulassen**, wer

– die Ausbildungszeit zurückgelegt hat,

– an vorgeschriebenen Zwischenprüfungen teilgenommen,

– die vorgeschriebenen schriftlichen **Ausbildungsnachweise** geführt hat.

Auszubildende können nach Anhörung der Ausbildenden und der Berufsschule **vorzeitig** ihre Abschlussprüfung absolvieren, wenn ihre **Leistungen** dieses rechtfertigen. Die Entscheidung fällt der Prüfungsausschuss.

8.   Der Ausbildungsbetrieb in der Gesamtwirtschaft

Der Weg, den ein Produkt bis zu seinem Käufer zurücklegt, ist lang und kompliziert. So „geht" ein Bleistift als einfaches Produkt bis zum Endverbraucher, beginnend im Sägewerk, endend beim Einzelhändler, einen weiten Weg.

Die eingeschalteten **Wirtschaftsbereiche** werden wie folgt gegliedert:

a) Primärer Wirtschaftsbereich
Er besteht aus Anbau- und Abbaubetrieben. Zu den Anbaubetrieben werden die Land- und Forstwirtschaft sowie die Fischereiwirtschaft gerechnet. Zu den Abbaubetrieben gehören Bergwerke und Erdölgewinnungsbetriebe.

b) Sekundärer Wirtschaftsbereich
Er umfasst die Produktionsbetriebe mit Industrie und Handwerk; dabei werden die Erzeugnisse be- und verarbeitet und instand gesetzt.

c) Tertiärer Wirtschaftsbereich = Dienstleistungen
Dazu gehören Handelsbetriebe mit Groß- und Einzelhandel zur Verteilung der Güter, Transportbetriebe mit Bahn, Post, Reedereien, Fluggesellschaften, Speditionen, Bankbetriebe mit Kreditbanken, Sparkassen, Genossenschaftsbanken zur Sicherung des Geldstromes und Bereitstellung von Krediten, Versicherungsbetriebe, die beispielsweise Feuerversicherungen und Kfz-Versicherungen für Betriebe und Haushalte anbieten, um mögliche Schäden finanziell abzudecken.

Beruflicher Wandel

Früher war der einmal erlernte Beruf ein lebenslanger Begleiter auf dem Weg bis zur Rente. Heute verfällt das Wissen in immer kürzeren Zeitabständen und das Lernen hört nie auf.

Beispiel

> *Der **Sägewerker** ist heute kein Ausbildungsberuf mehr – das neue Berufsbild ist der des **Holzbearbeitungsmechanikers** in den Fachrichtungen Sägeindustrie, Holzindustrie, Holzwerkstoffindustrie und Holzleimbauindustrie.*

Die **Beschäftigungsrisiken** in den Berufen haben zugenommen. Sie sind besonders dann gegeben, wenn es in dem angestrebten Beruf nur wenig Arbeitsplätze gibt und die Anzahl der Beschäftigten in Berufsfeldern abnimmt und ins Ausland verlagert werden.

Deshalb ist es für den Auszubildenden wichtig zu wissen, ob und wie der erlernte Beruf günstige **Arbeits-** und **Aufstiegsmöglichkeiten** bietet. Eine wichtige Informationsquelle ist neben dem Internet die örtliche Arbeitsagentur, die durch Beratung und spezielle Datenbanken Ansprechpartner sein sollte.

Am Beispiel **Holzbearbeitungsmechaniker** soll das oben Gesagte verdeutlicht werden: **Arbeitsmöglichkeiten**: in der Bauzubehör- und Parkettindustrie, Baumärkten, als Parkettleger, eventuell Zimmerer. **Aufstiegsmöglichkeiten:** Industriemeister, Holz-Techniker, technischer Fachwirt.

9.   Der Arbeitsvertrag

Der **Einzelarbeitsvertrag** wird zwischen dem einzelnen **Arbeitgeber** und dem einzelnen **Arbeitnehmer** abgeschlossen.

Wird die Dauer des Arbeitsverhältnisses vertraglich vereinbart, spricht man von einem **befristeten Arbeitsvertrag**. Dieser endet nach Zeitablauf (z.B. nach 18 Monaten); eine Kündigung ist nicht notwendig.

Der **befristete Arbeitsvertrag** darf maximal für 24 Monate bei einem Unternehmen abgeschlossen werden. Innerhalb dieser Zeit darf er drei Mal verlängert werden.

Ist ein **Betrieb nach 2006** gegründet worden, kann in den ersten 4 Jahren nach der Gründung vier Jahre befristet werden, innerhalb dieser Zeit darf mehrfach ohne Vorliegen eines sachlichen Grundes verlängert werden.

In Deutschland galt lange auch für Arbeitsverträge der Grundsatz der **Formfreiheit** von Verträgen. Sie konnten also auch mündlich vereinbart werden. Millionen Arbeitnehmer arbeiten in Deutschland noch ohne schriftlichen Arbeitsvertrag.

Aufgrund des **Nachweisgesetzes von Juli 2001** sind Arbeitgeber verpflichtet, neue Verträge **schriftlich spätestens einen Monat nach Arbeitsbeginn** mit den wesentlichen Vertragsbedingungen schriftlich niederzulegen, zu unterzeichnen und dem Arbeitnehmer auszuhändigen.

Ein **Arbeitsvertrag** muss laut **Nachweisgesetz** folgende Punkte mindestens enthalten:

Personalien der Parteien, Arbeitsplatz, Stellenbeschreibung/Amtsbezeichnung, Beginn des Arbeitsvertrages, Dauer des Arbeitsverhältnisses bei befristeten Arbeitsverträgen, Dauer des Jahresurlaubes, einzuhaltende Kündigungsfristen, Höhe des Arbeitsentgeltes, Tages- oder Wochenarbeitszeit, Angabe der Tarifverträge oder anderer kollektiver Vereinbarungen (z. B. Betriebsvereinbarungen).

Die **Hauptpflicht** des **Arbeitgebers** ist die **Lohnzahlungspflicht**.

Von dem **Bruttolohn** werden **Steuern** (Einkommenssteuer, Solidaritätszuschlag, Kirchensteuer) und **Sozialversicherungsbeiträge** einbehalten.

Weiterhin hat der Arbeitgeber den Arbeitnehmer zu **beschäftigen** und er ist zum Schutz der Person des Arbeitnehmers verpflichtet (**Fürsorgepflicht**). Zum letzteren gehört vor allem die Pflicht zum Schutz der Gesundheit des Arbeitnehmers am Arbeitsplatz.

Der **Arbeitnehmer** hat die Hauptpflicht zu arbeiten (**Dienstleistungspflicht**): Ohne Arbeit kein Geld. Weiterhin hat er die **Verschwiegenheitspflicht** über alles was im Betrieb geschieht, auch darf er dem Arbeitgeber keine Konkurrenz machen (**Wettbewerbsverbot**). Er darf also keine Kunden zu sich abziehen und Aufträge „schwarz" erledigen.

10. Technischer Arbeitsschutz

Vor allem in den so genannten Billiglohnländern Asiens und Osteuropas gibt es auch heute kaum Schutzvorschriften an den Arbeitsplätzen. Das bedeutet, dass die Arbeitnehmer schutzlos den Unfall- und Krankheitsgefahren am Arbeitsplatz ausgesetzt sind.

Der technische oder klassische **Arbeitsschutz** umfasst eine Vielzahl von Maßnahmen. Sie sollen

– Leben und Gesundheit der Arbeitnehmer schützen,

– die Arbeit menschengerechter gestalten und

– die Arbeitskraft der Beschäftigten erhalten.

Arbeitsunfälle und Berufskrankheiten werden von vielen Faktoren beeinflusst. Neben Lärm und Gefahrstoffen sind es Zugluft, Erschütterungen und Nässe, die Arbeitnehmer belasten können.

Kontrolle durch das **Gewerbeaufsichtsamt**.

Der **Staat** hat zahlreiche **Vorschriften** erlassen, die dem **Arbeitsschutz** dienen. Die wichtigsten sind:

- **Gefahrstoffverordnung**: Sie regelt die Schutzmaßnahmen für Arbeitnehmer beim Umgang mit Gefahrstoffen (Gifte, Säuren, Dämpfe).

- **Arbeitsstättenverordnung**: Sie bestimmt die Ausstattung von Fabriken, Werkstätten, Büros beispielsweise für Beleuchtung, Belüftung und Abmessungen.

- **Bildschirmarbeitsverordnung**: Sie regelt den Arbeitsschutz beim Umgang mit dem PC, beispielsweise die Größe des Bildschirms, der Abstand von Benutzer zum Bildschirm.

- **Geräte- und Produktsicherheitsgesetz**: Es dürfen nach dem Gesetz nur solche technischen Geräte angeboten und verkauft werden, die sicherheitstechnisch einwandfrei sind. Diese tragen dann das **GS-Zeichen**; die Prüfung erfolgt durch eine unabhängige Stelle, beispielsweise **TÜV** (Technischer Überwachungsverein).

- **PSA-Benutzerverordnung**: PSA = Persönliche Schutzausrüstung. Die Verordnung regelt die Auswahl, Bereitstellung und die Benutzung der jeweils nötigen Schutzausrüstung (Brillen, Helm, Handschuhe).

Eine wesentliche Aufgabe für den Arbeitsschutz erfüllen die **Berufsgenossenschaften (BG)**. Sie erlassen **Unfallverhütungsvorschriften**, die der Vorbeugung dienen und vom Arbeitgeber wie vom Arbeitnehmer unbedingt zu beachten sind.

→ *Siehe auch unter BG bei Sozialversicherungen.*

11.   Sozialer Arbeitsschutz

In Deutschland bilden Gesetze und Regelungen die Grundlage des **Arbeitsrechts**. Dazu gehören:

1. **Gesetze** (z. B. Betriebsverfassungsgesetz, Mutterschutzgesetz, Arbeitszeitgesetz)

2. **Tarifverträge** (z. B. zwischen Arbeitgeberverband und Einzelgewerkschaft)

3. **Betriebsvereinbarungen** zwischen Geschäftsleitung und Betriebsrat

4. Schriftliche **Einzelarbeitsverträge** zwischen Arbeitgeber und Arbeitnehmer

Das deutsche Recht ordnet diese Rechtsgrundlagen von ihrer Bedeutung her gesehen folgendermaßen zu:

1. Gesetze, 2. Tarifvertrag, 3. Betriebsvereinbarung, 4. Arbeitsvertrag

In den allgemeinen Rechtsgebieten geht immer die obere Regelung vor der nachfolgenden Regelung, d. h. Gesetze gehen vor Tarifverträgen (**Überord-**

nungsprinzip). Im **Arbeitsrecht** gilt dagegen **immer** die Regelung, die für den Arbeitnehmer am günstigsten ist (**Günstigkeitsprinzip**).

Beispiel

Das Bundesurlaubsgesetz enthält als Mindestregelung 24 Werktage pro Jahr, im Tarifvertrag sind 28 Tage genannt, im Arbeitsvertrag 30 Tage. Rechtswirksam sind die 30 Tage, da sie für den Arbeitnehmer am günstigsten sind.

11.1 Arbeitszeit- und Bundesurlaubsgesetz

Das **Arbeitszeitgesetz** soll die Sicherheit und den Gesundheitsschutz am Arbeitsplatz gewährleisten. Dazu gibt es folgende Regelungen:

– Die Arbeitszeit darf 8 Stunden nicht überschreiten. Sie kann auf bis zu 10 Stunden verlängert werden, wenn innerhalb von 6 Monaten im Durchschnitt 8 Stunden nicht überschritten werden.

– Ruhepausen von mindestens 30 Minuten bei einer Arbeitszeit von mehr als 6 bis zu 9 Stunden, danach 60 Minuten Pause; Ruhepausen müssen mindestens 15 Minuten betragen.

– Die Ruhezeit zwischen den Arbeitstagen muss mindestens 11 Stunden betragen.

– Arbeitnehmer dürfen an Sonn- und gesetzlichen Feiertagen von 0 bis 24 Uhr nicht beschäftigt werden. Ausnahmen gibt es für Mehrschicht-Betriebe, Kraftfahrer und Berufe wie Not- und Rettungsdienste, Krankenhäuser.

Das **Bundesurlaubsgesetz** regelt, dass jedem Arbeitnehmer in Deutschland mindestens 24 Werktage Urlaub zustehen, wobei Werktage alle Kalendertage sind, die nicht Sonn- oder gesetzliche Feiertage sind. Der volle Urlaubsanspruch wird erstmalig nach 6-monatigem Bestehen des Arbeitsverhältnisses erworben.

Beispiel

Gilt für einen Arbeitnehmer weder der Tarifvertrag noch ist im Arbeitsvertrag die Urlaubsdauer geregelt, dann hat er Anspruch auf 24 Werktage Urlaub, das heißt 4 Wochen pro Jahr.

11.2 Mutterschutzgesetz

Das **Mutterschutzgesetz**:

– 6 Wochen vor und 8 Wochen nach der Geburt gilt ein besonderer Schutz: Vor der Geburt *darf* die Schwangere arbeiten, kann von Ihrem Betrieb dazu aber nicht verpflichtet werden. Danach ist es ihr für die 8 Wochen nach der Geburt untersagt. Für diese Zeit (14 Wochen) erhält sie den vollen letzten Nettolohn von der Krankenkasse (**Mutterschaftsgeld**).

– Der Kündigungsschutz besteht während der Schwangerschaft und bis 4 Monate danach, auch in der Probezeit.

– Schwere körperliche Arbeiten, Schichtarbeit und Akkordarbeiten während der Schwangerschaft sind verboten.

→ *Die Begriffe Elterngeld und Elternzeit werden in Kapitel II unter staatlichen Transferleistungen erklärt.*

12. Beendigung des Arbeitsverhältnisses: Kündigungsregelungen

Die **Kündigung** ist eine **einseitige, empfangsbedürftige Willenserklärung** mit dem Ziel, das Arbeitsverhältnis zu beenden. Die Kündigung kann vom Arbeitgeber oder Arbeitnehmer ausgehen, der Vertragspartner muss mit der Kündigung nicht einverstanden sein, und er muss ihr damit auch nicht zustimmen.

Die Beendigung des Arbeitsverhältnisses durch **Kündigung** muss **schriftlich** erfolgen, um wirksam zu sein. Für den Zugang der schriftlichen Kündigung gibt es mehrere Möglichkeiten:

1. Die Kündigung wird dem Mitarbeiter im Betrieb **ausgehändigt** und er bestätigt diesen Empfang durch Unterschrift.

2. Ein **Bote**, der den Inhalt kennt, händigt das Kündigungsschreiben aus. Auch hier ist eine schriftliche Bestätigung des Empfangs anzustreben.

3. Die Kündigung erfolgt durch einen **Brief**. Dabei müssen entweder **Zeugen** den Einwurf belegen oder der Arbeitnehmer quittiert den Empfang.

4. Die Kündigung erfolgt per **Einschreiben**. In diesem Fall gilt die Kündigung als zugegangen, wenn der Arbeitnehmer oder ein Angehöriger den Empfang quittiert. Die Post übermittelt dem Absender einige Tage nach Aushändigung des Einschreibens einen **Kontrollschein.** Darauf ist vermerkt, wann der Arbeitnehmer die Kündigung erhalten hat (= Beleg vor Arbeitsgericht).

Kündigungsarten

1. **Ordentliche (fristgerechte) Kündigung**: Nach einer vertraglichen, tariflichen oder gesetzlichen Frist endet das Arbeitsverhältnis. Die **gesetzliche Kündigungsfrist** beträgt für Angestellte wie für Arbeiter **vier Wochen zum Fünfzehnten** oder **zum Ende eines Kalendermonats** (= Grundkündigungsfrist).

Beispiel

*Kündigung zum 30. September, Mitteilung muss spätestens am 02. September erfolgen. Für Arbeitgeber gelten ab zweijähriger Beschäftigung **längere Kündigungsfristen**.*

2. Außerordentliche (fristlose) Kündigung: Ein Arbeitsverhältnis wird in der Regel mit sofortiger Wirkung beendet. Diese fristlose Kündigung ist bei schwerwiegenden personen- oder verhaltensbedingten Gründen zulässig, z. B. ein Mitarbeiter beginnt eine Schlägerei oder bei Diebstahl von Firmeneigentum. Dieser schwerwiegende Grund macht es dem Arbeitgeber unmöglich, das Arbeitsverhältnis bis Ablauf der Kündigungsfrist fortzusetzen.

Eine **fristlose Kündigung** muss innerhalb von 2 Wochen ab dem Tag erfolgen, an dem der Arbeitgeber Kenntnis von dem Sachverhalt erhielt, der für die Kündigung maßgeblich ist. Dies gilt auch bei einer Kündigung durch den Arbeitnehmer. Auf Verlangen des Gekündigten muss der Kündigungsgrund unverzüglich schriftlich mitgeteilt werden (§ 626, Abs. 2 BGB). Sollte eine fristlose Kündigung **nicht zu begründen** sein, wird **automatisch die ordentliche Kündigung** wirksam.

Grundsatz im Arbeitsrecht: Versetzung vor Kündigung

Der Gesetzgeber verlangt von jedem Arbeitgeber, dass er vor der Kündigung alle anderen arbeitsrechtlichen Mittel, wie **Versetzungen** in eine andere Abteilung oder **Änderungskündigungen** (d. h. dem Arbeitnehmer wird im Betrieb eine andere Arbeitsstelle mit niedrigeren Bezügen angeboten – lehnt er ab, gilt die Kündigung ausschöpft.

Wenn langjährige Beschäftigte wegen Krankheiten nur noch eingeschränkt arbeiten können, darf der Arbeitgeber nur in ganz seltenen Ausnahmefällen eine ordentliche Kündigung aussprechen. In der Regel muss er die Mitarbeiter weiterbeschäftigen und ihnen Arbeiten zuweisen, die sie bewältigen können.

Beispiel

Mit einem Urteil des Bundesarbeitsgerichts bekam eine Arbeiterin Recht, die nach 21 Jahren Tätigkeit und 3 Leistenbrüchen nur noch bis 10 kg Lasten heben durfte, vorher war es bis 30 kg. Die Kündigung aus personenbedingten Gründen war damit nicht wirksam.

Kündigungsfristen des Arbeitgebers

Für alle **Arbeitgeber** gilt eine gesetzliche Mindestkündigungsfrist von 4 Wochen und zwar zum 15. oder zum Ende eines Monats.

Beispiel

*Wird einem Arbeitnehmer am 15. April gekündigt, kann das Ausscheiden zum 15. Mai verlangt werden, wenn der Arbeitnehmer **weniger als 2 Jahre** in diesem Betrieb beschäftigt ist.*

Beträgt die Beschäftigungsdauer **mehr als 2 Jahre**, so gelten durch den **Arbeitgeber** folgende **gesetzliche Kündigungsfristen** zum **Monatsende**:

- nach 2 Jahren: 1 Monat Kündigungsfrist
- nach 5 Jahren: 2 Monate Kündigungsfrist
- nach 8 Jahren: 3 Monate Kündigungsfrist
- nach 10 Jahren: 4 Monate Kündigungsfrist
- nach 12 Jahren: 5 Monate Kündigungsfrist
- nach 15 Jahren: 6 Monate Kündigungsfrist
- nach 20 Jahren: 7 Monate Kündigungsfrist

Dabei gilt nur die **Beschäftigungsdauer** für den Arbeitnehmer, die dieser **nach dem 25. Lebensjahr** aufweist. Nach EU-Recht aus dem Jahr 2010 ist diese Regelung unwirksam! Die Arbeitsgerichte sind angewiesen auch die Beschäftigungsdauer vor dem 25. Lebensjahr anzurechnen.

Innerhalb der bis sechsmonatigen **Probezeit** kann jederzeit mit einer Frist von 2 Wochen ohne Grund von beiden Vertragsparteien gekündigt werden.

Kündigungsschutzgesetz (KSchG)

Hat ein Betrieb **mehr als 10 ständig Vollbeschäftigte** (Teilzeitbeschäftigte werden entsprechend der Stundenzahl angerechnet) und sind diese **mindestens 6 Monate** dort tätig, dann gilt das **Kündigungsschutzgesetz** und sieht folgende drei Kategorien von zulässigen **Kündigungsgründen** vor:

1. **personenbedingte Gründe**, z.B. fehlende körperliche oder geistige Eignung für diese Stelle. Auch Krankheit kann dazu gehören, allerdings gelten dafür strenge Bedingungen.

2. **verhaltensbedingte Gründe**, z.B. Tätlichkeiten, Diebstahl, Störung des Betriebsfriedens, schlechte Arbeitserfüllung, alkoholbedingtes Fehlverhalten, Nichtbeachtung von Sicherheitsvorschriften; diese Gründe verlangen eine vorherige **schriftliche Abmahnung**, die aber erfolglos geblieben sein muss.

3. **betriebsbedingte Gründe**, z.B. schlechte Auftragslage, Rationalisierungsmaßnahmen.

Neben den genannten Kategorien von Kündigungsgründen muss die **betriebsbedingte Kündigung sozial gerechtfertigt** sein, d.h.

- soziale Gründe müssen berücksichtigt werden, das sind Betriebszugehörigkeit, Lebensalter, Unterhaltspflichten und eventuell Schwerbehinderung.

- **Ausnahme**: Ist ein Arbeitnehmer für den Betrieb besonders wichtig, kann dieses Merkmal die Sozialauswahl aufheben (§ 1 Absatz 3, Satz 2 KSchG).

Kündigung und Betriebsrat

Gibt es im Betrieb einen **Betriebsrat**, so ist dieser nach dem Betriebsverfassungsgesetz vor jeder Kündigung anzuhören. Dabei hat der Betriebsrat **eine Woche** Zeit bei **ordentlicher Kündigung** und **drei Tage** bei **außerordentlicher Kündigung**, um dem Arbeitgeber zu widersprechen.

Die Kündigung kann bestehen bleiben. Dem Gekündigten ist allerdings mitzuteilen, dass der Betriebsrat der Kündigung nicht zugestimmt hat. Der Arbeitnehmer hat dann das Recht auf Weiterbeschäftigung bis zum Arbeitsgerichtstermin.

13. Arbeitsgerichte

Ein **Arbeitsgericht** ist zuständig für Auseinandersetzungen zwischen

1. Arbeitgeber und Arbeitnehmer aus dem Arbeitsvertrag
2. Ausbildenden und Auszubildenden aus dem Ausbildungsvertrag
3. Arbeitgeber und Betriebsrat aus der Betriebsvereinbarung
4. Arbeitgeberverband und Gewerkschaft aus dem Tarifvertrag.

Eine **Klage** vor dem Arbeitsgericht kann

– mündlich im Sekretariat vorgetragen und dort notiert werden,
– schriftlich vom Kläger eingereicht werden oder
– von einem Rechtsanwalt schriftlich eingereicht werden.

Örtlich zuständig ist das Arbeitsgericht, indem der Beklagte seinen Geschäfts- oder Wohnsitz hat. Für jeden Streitfall ist das **Arbeitsgericht** zuständig, das aus einem Berufsrichter und je einem Arbeitnehmer- und Arbeitgebervertreter besteht. Man benötigt in dieser ersten Instanz keinen Anwalt.

Vor der eigentlichen Gerichtsverhandlung wird eine **Güteverhandlung** angesetzt, wobei der Vorsitzende des Arbeitsgerichts eine gütliche Einigung zwischen den Prozessparteien versucht, um die Prozessdauer zu verkürzen und die Prozesskosten zu verringern.

Wird der Prozess verloren, kann der Beklagte **Berufung** beim **Landesarbeitsgericht** einlegen. Der Streitwert muss dafür höher als 600,00 € sein und ein Anwalt wird dazu benötigt. Berufung heißt, es gibt eine neue Verhandlung mit neuen Beweismitteln und ein neues Urteil.

Das **Bundesarbeitsgericht** (3 Berufsrichter) kann nur angerufen werden (= **Revision**), wenn das vorher urteilende Gericht dies ausdrücklich zulässt und wenn der Streitwert 3.000,00 € übersteigt.

Ein Verfahren vor dem Arbeitsgericht ist **gebührenfrei**, wenn der Rechtsstreit durch einen **Vergleich** beendet wird. Ansonsten zahlt der Verlierer.

14.   Möglichkeiten und Grenzen betrieblicher Mitbestimmung

14.1   Arbeitgeber- und Arbeitnehmerorganisationen: Handwerk, Gewerkschaften, Arbeitgeberverbände

Die Organisation des Handwerks

Aus volkswirtschaftlicher Sicht ist das Handwerk nach der Industrie der zweitstärkste Wirtschaftsbereich in Deutschland und mit ca. 5 Millionen Beschäftigten ein wichtiger Faktor im deutschen Arbeitsmarkt. Im Handwerk werden in ca. 860.000 Betrieben mehr als die Hälfte aller gewerblichen Auszubildenden ausgebildet.

Aufgabenschwerpunkte der **handwerklichen Betriebe**:

– Neuanfertigung von Produktions- und Konsumgütern (z.B. Bau- und Ausbauhandwerke sowie Bekleidungs- und Nahrungsmittelhandwerke);
– Bereitstellung von personenbezogenen Dienstleistungen, z.B. durch die Handwerksgewerbe für Gesundheits- und Körperpflege (z.B. Optiker, Zahntechniker oder Friseure);
– Bereitstellung sachbezogener Dienstleistungen, z.B. durch die Reparatur und Instandhaltung handwerklich oder industriell gefertigter Produkte (z.B. Kfz-Mechaniker oder Radio- und Fernsehtechniker).

Auch in der heutigen von Großserien- und Massenproduktion geprägten Zeit schaffen Handwerker **individuelle Qualitätsarbeiten**. Durch die Herstellung solcher Handwerksarbeiten, die sich in Formgebung und Gestaltung vom industriellen Massenartikel abheben, trägt das Handwerk auch noch heute zur Weiterentwicklung der kulturellen Identität der Gesellschaft bei.

Die **gegenwärtigen und zukünftigen Probleme** des deutschen Handwerks sind insbesondere volkswirtschaftlicher und betriebswirtschaftlicher Art.

1. Volkswirtschaftliche Probleme

– Veränderung der Absatzmärkte
– steigende Schwarzarbeit
– Sättigung des Marktes bei Gütern des täglichen Bedarfs
– EU-Binnenmarkt und freier Marktzutritt für EU-Ausländer
– Konkurrenz durch Baumärkte und steigende Heimwerkertätigkeit

2. Betriebswirtschaftliche Probleme

– hohe Lohnnebenkosten durch hohe Sozialabgaben des Arbeitgebers
– häufig eine zu geringe Eigenkapitaldecke und niedrige Erträge
– schneller technologischer Wandel, der zu schnellen Anpassungen der Fertigung und der Produkte zwingt
– Nachwuchs- und Fachkräftemangel, da qualifizierte Auszubildende nur selten für das Handwerk gewonnen werden können

Das **Handwerk** gliedert sich in eine **regionale** und eine **fachliche** Seite.

Zur regionalen Organisation gehören die Kreishandwerkerschaften und die Handwerkskammern. Die Spitzeneinrichtung auf Bundesebene ist der Deutsche Handwerkskammertag als Zusammenschluss der regionalen Handwerkskammern.

Zur fachlichen Seite der Handwerksorganisation gehören die Innungen, die Landesinnungsverbände und die Bundesinnungsverbände der verschiedenen Handwerke.

Eine **Innung** ist der **freiwillige Zusammenschluss** von selbstständigen Handwerkern des gleichen Handwerks zur Förderung ihrer gemeinsamen gewerblichen Interessen innerhalb eines bestimmten Bezirks.

Für jedes Handwerk kann in einem Bezirk nur eine Innung gebildet werden. Die **Innungen** haben die Rechtsform der **Körperschaft des öffentlichen Rechts** und können in dieser Eigenschaft hoheitliche Aufgaben (z. B. Abnahme der Gesellenprüfung) wahrnehmen.

Die **Organe der Handwerksinnung**:

– Die Innungsversammlung. Sie ist das oberste Organ der Innung und wird von den Innungsmitgliedern gebildet.

– Der Innungsvorstand wird aus dem Obermeister, seinem Stellvertreter und den durch die Satzung vorgeschriebenen weiteren Mitgliedern (z. B. Kassenwart und Schriftführer) gebildet. Der Vorstand führt die Beschlüsse der Innungsversammlung aus und vertritt die Innung auch vor Gericht.

– Die Innung bildet zur Wahrnehmung einzelner Aufgaben Ausschüsse wie z. B. den Gesellenausschuss, den Lehrlingsausschuss oder den Gesellenprüfungsausschuss.

Der **Landesinnungsverband** ist der Zusammenschluss von Innungen des gleichen und nahe stehenden Handwerks auf der Ebene eines **Bundeslandes**. Er hat die Aufgabe, die Interessen der Mitgliedsinnungen des jeweiligen Handwerkszweigs auf Landesebene wahrzunehmen, z. B. durch den **Abschluss von Tarifverträgen**. Der **Bundesinnungsverband** ist der Zusammenschluss von Landesinnungsverbänden bzw. Landesfachverbänden des gleichen Handwerks.

Die **Kreishandwerkerschaften** sind der Zusammenschluss sämtlicher Handwerksinnungen eines Landkreises oder einer kreisfreien Stadt. Die Kreishandwerkerschaft ist eine **Körperschaft des öffentlichen Rechts**, die unter der Rechtsaufsicht der Handwerkskammer steht. Die wichtigste Aufgabe ist die Vertretung der handwerksähnlichen Gewerbe in ihrem Bezirk sowie die Fortbildung und Beratung ihrer Mitglieder.

Die **Handwerkskammer** ist die gesetzlich vorgeschriebene Einrichtung zur Interessenvertretung und Selbstverwaltung des Handwerks in einem bestimmten Bezirk (oft dem Regierungsbezirk entsprechend). Die Handwerkskammern sind als **Körperschaften des öffentlichen Rechts** die maßgeblichen Einrichtungen der handwerklichen Selbstverwaltung. Sie unterstehen der Aufsicht durch das jeweilige Landeswirtschaftsministerium, das auch ihre Satzung erlässt.

Der Handwerkskammer gehören die selbständigen Handwerker des Kammerbezirks, die Inhaber handwerksähnlicher Betriebe sowie die Gesellen und Lehrlinge dieser Gewerbetreibenden als **Pflichtmitglieder** an.

Kennzeichnend für die **Handwerkskammern** ist ihre Mittelstellung zwischen der **gewerblichen Wirtschaft** und dem **Staat**. Aufgaben sind insbesondere:

1. Führung der Handwerksrolle und Ausstellung der Handwerkskarte
2. Erlass von Meisterprüfungsordnungen für die einzelnen Handwerke
3. Regelung und Überwachung der Berufsausbildung mit Führung der Lehrlingsrolle
4. Durchführung von Fortbildungs- und Umschulungsprüfungen
5. Bestellung und Vereidigung von Sachverständigen
6. Betriebswirtschaftliche, rechtliche und organisatorische Beratung von Handwerksbetrieben

Die Industrie- und Handelskammern

Die Industrie- und Handelskammern (IHK) sind die gesetzlich bestimmten Interessenvertretungsorgane der Unternehmen aus den Bereichen Industrie, Handel und Verkehr. Alle im Kammerbezirk tätigen Gewerbetreibenden außer den selbstständigen Handwerkern gehören der Industrie- und Handelskammer als **Pflichtmitglied** an.

Die Industrie- und Handelskammern sind **Körperschaften des öffentlichen Rechts** und werden durch die Wirtschaftsministerien der Bundesländer beaufsichtigt. Ihre Aufgaben sind im Wesentlichen:

1. Die Interessenvertretung und die Förderung der ihnen angehörenden Betriebe aus der gewerblichen Wirtschaft.
2. Die Beratung und die Unterstützung von Behörden durch Berichte, Vorschläge und Gutachten.
3. Förderung und Durchführung der kaufmännischen und gewerblichen Berufsausbildung einschließlich der Prüfungen.

Gewerkschaften sind **freiwillige, privatrechtliche Vereinigungen** zur Wahrung und Durchsetzung der wirtschaftlichen und sozialen Interessen von Arbeitnehmern. Im Rahmen der durch das Grundgesetz garantierten

Tarifautonomie haben die Gewerkschaften zusammen mit den Arbeitgeberverbänden das Recht, die Arbeitsbedingungen (z.B. Lohnhöhe, Arbeitszeit oder Urlaub) selbstständig und ohne staatlichen Eingriff festzulegen. Einzelne Aufgaben der Gewerkschaften sind z.b. die Verbesserung der Arbeitsbedingungen, die Sicherung von Arbeitsplätzen, die Vertretung von Arbeitnehmern vor Arbeitsgerichten, das Führen von Tarifverhandlungen und der Abschluss von Tarifverträgen.

Arbeitgeberverbände sind freiwillige, privatrechtliche Zusammenschlüsse von selbständigen Unternehmern. Beispiel: Der Metallarbeitgeberverband Hessen.

– Sie haben die Aufgabe, die sozialpolitischen und arbeitsrechtlichen Interessen der ihnen angeschlossenen Mitglieder gegenüber dem Staat, der Gesellschaft und den Gewerkschaften zu vertreten.

– Sie führen **Tarifverhandlungen** mit den Gewerkschaften, schließen Tarifverträge ab und beraten angeschlossenen Unternehmer in arbeits- und sozialrechtlichen Fragen.

– Die Arbeitgeberverbände sind fachlich und regional gegliedert. Die Spitzenorganisation ist die **B**undesvereinigung der **D**eutschen **A**rbeitgeberverbände (BDA).

14.2 Der Betriebsrat und das Betriebsverfassungsgesetz

Das **Betriebsverfassungsgesetz** soll die Beziehung zwischen **Geschäftsleitung** (Arbeitgeber) und **Betriebsrat**, der Interessenvertretung der Beschäftigten des Betriebes, regeln. Es geht insbesondere um Mitwirkung und Mitbestimmung des Betriebsrates. Die vertraglichen Absprachen werden in **Betriebsvereinbarungen** festgehalten und sind für alle im Betrieb beschäftigten verbindlich.

Der **Betriebsrat** wird auf Verlangen der Arbeitnehmer gewählt, wobei

– in dem Betrieb mindestens 5 Arbeitnehmer ständig beschäftigt sein müssen. Diese müssen über 18 Jahre alt sein, Teilzeitkräfte werden anteilig gerechnet. Davon müssen drei wählbar sein, d.h. sie müssen dem Betrieb mindestens 6 Monate angehören.

– Die Zusammensetzung nach Frauen und Männern muss der Belegschaft entsprechen.

– Bei Betrieben mit weniger als 20 Beschäftigten besteht der Betriebsrat nur aus einer Person, dem **Betriebsobmann**. Bei Unternehmen bis 50 Mitarbeitern sind es 3 Mitglieder – bis 50 Mitglieder bei Großkonzernen.

– Die **Amtszeit** beträgt 4 Jahre.

Der Betriebsrat hat ein **Mitbestimmungsrecht**

1. in **sozialen** Angelegenheiten: Entlohnungsfragen und -grundsätzen, Betriebsordnung, Beginn/Ende der Arbeitszeit, Urlaubsgrundsätze, Einführung von Apparaturen zur Kontrolle der Arbeitnehmer;
2. in **personellen** Angelegenheiten: Einstellungen, Umsetzungen, Kündigungen.

Die Mitbestimmung bei personellen Angelegenheiten gilt in Betrieben mit mehr als 20 wahlberechtigten Arbeitnehmern. **Mitbestimmung** bedeutet, dass grundsätzlich erst mit Zustimmung des Betriebsrates Entscheidungen des Arbeitgebers wirksam werden.

Bei Konflikten zwischen Arbeitgeber und Betriebsrat entscheidet die **Einigungsstelle** im Betrieb. Diese besteht aus gleicher Anzahl Arbeitgebervertreter und Betriebsratsmitglieder und dem neutralen Vorsitzenden, auf den sich beide Parteien einigen müssen. Gibt es keine Lösung, ersetzt das **Arbeitsgericht** die Zustimmung.

Das **Mitwirkungsrecht** gilt für **wirtschaftliche Angelegenheiten**, z.B. Betriebsstilllegung, -erweiterung, Rationalisierungsvorhaben. **Mitwirkung** bedeutet, dass der Betriebsrat die Entscheidungen nicht verhindern kann, er wird nur über diese Maßnahmen unterrichtet.

Der Betriebsrat soll einmal im ¼ Jahr alle Arbeitnehmer des Betriebes (= **Betriebsversammlung**) einladen und einen Tätigkeitsbericht erstatten.

Der **einzelne Arbeitnehmer** hat ein Anhörungs- und Erörterungsrecht über betriebliche Angelegenheiten, die seine Person betreffen, er kann Einsicht in seine Personalakte nehmen. Dazu kann er ein Mitglied des Betriebsrates hinzuziehen und er hat ein Beschwerderecht.

14.3 Jugend- und Auszubildendenvertretung

Arbeiten mindestens 5 jugendliche Arbeitnehmer oder Auszubildende, die noch nicht 25 Jahre alt sind, in einem Betrieb, sollen diese eine **Jugend- oder Auszubildendenvertretung** wählen. Gewählt werden können alle Arbeitnehmer, die noch nicht 25 Jahre alt sind. Die Amtszeit beträgt 2 Jahre.

Alle Fragen/Wünsche von den jugendlichen Arbeitnehmern sind an den Betriebsrat, nicht an den Arbeitgeber direkt zu richten (§ 61 BetrVG).

14.4 Tarifrecht und Tarifverträge

Die **Tarifvertragsparteien** (**Tarifpartner, Sozialpartner**) sind auf **Arbeitnehmerseite** die **Gewerkschaften**, auf **Arbeitgeberseite** die **Arbeitgeberverbände** oder der einzelne Arbeitgeber (§ 2 Tarifvertragsgesetz).

Die Gewerkschaften sind organisiert im **Deutschen Gewerkschaftsbund** (**DGB**), der als Spitzenverband sechs selbstständige **(Einzel-) Gewerk-**

schaften umfasst, beispielsweise die Industriegewerkschaft (= IG) Metall, ver.di (Vereinte Dienstleistungsgewerkschaft). Diese sind jeweils Tarifpartner. Der DGB hat ca. 8 Millionen Mitglieder.

Im **Handwerk** sind nur sehr wenige Arbeitnehmer in einer Gewerkschaft organisiert; in der **Industrie** ca. 50 % der Beschäftigten. In den großen Industriezweigen haben sich die regionalen Arbeitgeberverbände auf Landesebene zusammengeschlossen, die die Tarifverträge mit den Gewerkschaften schließen.

Beispiel

33 regionale Verbände der metallverarbeitenden Industrie sind im Verband der Metallindustrie Nordrhein-Westfalen organisiert. Dieser Landesspitzenverband bildet zusammen mit 19 anderen Landesverbänden den Gesamtverband der metallindustriellen Arbeitgeberverbände („Gesamtmetall").

Tarifverträge, die zwischen Arbeitgeberverband und Gewerkschaft auf Bezirks-, Landes- oder Bundesebene geschlossen werden, werden als **Verbandstarifverträge** bezeichnet. Schließt ein einzelner Arbeitgeber mit einer Gewerkschaft einen Tarifvertrag, so handelt es sich hierbei um einen **Firmen-, Werks-, Betriebs- bzw. Haustarifvertrag**.

Die Arbeitgebervereinigungen im Handwerk sind die **Innungsverbände**.

Die Tarifparteien schaffen durch schriftliche Verträge Rechtsnormen, die zwingend die einzelnen Arbeitsverhältnisse zwischen den **Mitgliedern der Tarifparteien** regeln. Dadurch wird sichergestellt, dass

1. der Tarifvertrag **nicht** durch eine Vereinbarung im Arbeitsvertrag zum Nachteil des Arbeitnehmers verändert werden kann (§ 4 Tarifvertragsgesetz).
2. einzelvertragliche Abmachungen, die für den Arbeitnehmer günstiger als die Tarifnormen sind, weiterhin gelten (**Günstigkeitsprinzip**).

Grundsätzliche gelten die **Tarifnormen** nur für die Mitglieder der Tarifvertragsparteien: Der **Arbeitgeber** muss dem Tarif schließenden Arbeitgeberverband, der **Arbeitnehmer** der Tarif schließenden Gewerkschaft angehören.

In Ausnahmefällen werden durch eine so genannte **Allgemeinverbindlichkeitserklärung** des Bundesministeriums für Arbeit und Soziales auch bis dahin tarifungebundene Arbeitgeber und Arbeitnehmer in die Gültigkeit eines Tarifvertrags einbezogen. Da hierzu ein Ausschuss, bestehend aus je 3 Mitgliedern von Gewerkschaften und Arbeitgeberverbänden einen Antrag beim Minister stellen muss, was sehr selten geschieht, sind in Deutschland nur ca. 800 Tarifverträge (von ca. 15.000) für allgemeinverbindlich erklärt worden.

Tarifautonomie bedeutet, dass der Tarifvertrag durch freie Vereinbarung zwischen den unabhängigen Tarifparteien zustande kommt, ohne dass eine staatliche Stelle mitwirkt oder sich einmischt.

Bei den Tarifverträgen unterscheidet man **Lohn-** bzw. **Gehaltstarifverträge** (Entgeltverträge) und **Manteltarifverträge** (Rahmenverträge). Während im Lohn- bzw. Gehaltstarifvertrag die Höhe des Entgeltes festgelegt wird, enthält der Manteltarifvertrag Bestimmungen, z. B. über die Beschreibung von Tätigkeitsmerkmalen der einzelnen Lohngruppen, über Länge der Wochenarbeitszeit, des Urlaubs, der Freistellung von der Arbeit.

Streik und Aussperrung

Der **Streik** ist das legale Arbeitskampfmittel der Gewerkschaft zur Durchsetzung arbeitsrechtlicher Forderungen. Dabei wird nur die Arbeitskampfmassnahme als Streik anerkannt, die

1. von der Gewerkschaft organisiert und geleitet wird,
2. planmäßig einen Teil der Betriebe erfasst (Teilstreik, Schwerpunktstreik) oder
3. bei Verhandlungsstillstand durch mehrstündige Unterbrechung der Arbeit die Arbeitgeber zum Nachgeben auffordern soll (**Warnstreiks**).

Rechtlich „ruht" das **Arbeitsverhältnis**, d. h. die Recht und Pflichten beider Parteien gelten dann nicht und es darf während des Streiks auch nicht gekündigt werden. **Wilde Streiks** (nicht von der Gewerkschaft organisierte Arbeitsniederlegungen) sind verboten und führen zu fristlosen Kündigungen wegen Arbeitsverweigerung.

Bei der **Aussperrung**, die erst nach Streikbeginn erfolgen darf, werden die Arbeitnehmer durch den Arbeitgeber planmäßig von der Arbeit ausgeschlossen (*„Der Betrieb wird von innen geschlossen"*). Das Arbeitsverhältnis ruht während dieser Zeit, d. h. die Rechte und Pflichten gelten dann nicht, allerdings darf dann auch nicht gekündigt werden. Nach Ende der Auseinandersetzung wird das Arbeitsverhältnis fortgesetzt.

Rechtlich zulässig ist nur die Aussperrung, die als Reaktion auf einen ausgebrochenen Streik erfolgt oder bei Gefahr eines Streiks (= **Abwehraussperrung**) beginnt. Eine **Angriffsaussperrung** zur Verhinderung eines Streiks ist in Deutschland nicht zulässig.

Finden die Tarifparteien keine Verhandlungslösung, wird in der Regel ein **unparteiischer Schlichter** bemüht, um einen Kompromiss zu finden. Dieser Schlichter wird von beiden Seiten akzeptiert und ist häufig eine Person des öffentlichen Lebens, z. B. ein ehemaliger Minister. Der Spruch des Schlichters ist für die Tarifparteien allerdings nicht bindend.

Die **Urabstimmung** ist die Befragung (mit Abstimmung) aller organisierten Mitglieder der Gewerkschaft,

1. um einen Streik durchführen zu können: **75 %** der Mitglieder müssen laut Satzung der meisten Gewerkschaften zustimmen.

2. um den Streik zu beenden und den Kompromiss, der dann gefunden worden ist, zu billigen: **25 %** der Mitglieder müssen zustimmen.

Friedenspflicht heißt, das während der vereinbarten Laufzeit des Tarifvertrages die Tarifpartner weder aussperren noch streiken dürfen.

15. Mobilität und Flexibilität des Einzelnen

Regelmäßige Befragungen von Betrieben nach der Qualifikationen von Auszubildenden und Arbeitnehmern ergeben folgende am meisten gewünschte **Schlüsselqualifikationen:**

1. **Leistungsbereitschaft** („ich werde es schaffen") und **Zuverlässigkeit** („Auf mich kann sich der Chef verlassen") sind am wichtigsten.

2. **Verantwortungsbewusstsein, Konzentrationsfähigkeit, Teamfähigkeit** („Wir als Team sind stärker als der Einzelne") mit **Eigeninitiative** folgen.

3. **Selbstständiges Lernen, Zielstrebigkeit** und **Kommunikationsfähigkeit** („Ich kann gut sprechen und auch gut zuhören") sind weitere wesentliche Schlüsselqualifikationen.

Neben dem **schulischen Basiswissen** und einer **soliden Allgemeinbildung** sind diese Qualifikationen wichtig, um den steigenden **beruflichen Anforderungen** gerecht zu werden und die bei verschärftem Wettbewerb immer mehr in den Mittelpunkt rückenden **Kunden** zu gewinnen und zu halten. Hat der Arbeitnehmer das notwendige **Fachwissen** und verfügt er über die wesentlichen **Schlüsselqualifikationen**, hat er den Schlüssel für erfolgreiches Handeln in Beruf und Alltag. Er besitzt damit die notwendige **Handlungskompetenz.**

16. Leben, Lernen und Arbeiten in Europa

Der Europäische Wirtschaftsraum (EWR) mit ca. 520 Millionen Bürgern ist einer der größten **Arbeitsmärkte** der Welt. Ihm gehören die 27 Mitgliedsländer der Europäischen Union (EU) und zusätzlich Liechtenstein, Norwegen, Island und die Schweiz an.

Immer mehr Bürger entscheiden sich aus verschiedenen Gründen, schulische oder berufliche Erfahrungen im Ausland zu sammeln oder dort längerfristig zu arbeiten.

Ein **Auslandsaufenthalt** kann auch während der Berufsausbildung durchgeführt werden, wenn dies dem Ausbildungsziel dient *(§ 2.3 BBiG).*

Finanzielle Mittel für diese Maßnahmen werden über spezielle Förderprogramme der Bundesregierung und der EU bereitgestellt. Das bedeutendste

Förderprogramm der **EU** heißt **Leonardo da Vinci**. Es soll den Austausch von Auszubildenden und Berufsschülern dieser Länder finanziell unterstützen.

→ *Infos dazu im Internetprojekt „www.fit-for-europe.info".*

Die EU-Staaten

Finnland

Groß-
britannien   Schweden   Estland
Irland   Dänemark   Lettland
        Niederlande   Litauen

                Deutsch-   Polen
        Belgien   land
                Luxem-   Tschechien
Portugal   burg   Slowakei
        Frankreich   Österr. Ungarn
                              Rumänien
                      Slowenien
        Spanien   Bulgarien
                        Italien

                                Griechenland
                        Malta
dpa-Grafik 3636   Zypern

16.1   Die Europäische Sozial-
charta

Die Europäische Sozialcharta wurde 1961 durch den Europarat ausgearbeitet, um bestimmte **soziale Rechte** in den Mitgliedsstaaten zu gewährleisten. Diese Rechte betreffen den Arbeitsmarkt, die berufliche Bildung, die Chancengleichheit und die Arbeitsbedingungen.

Folgende Rechte sehen die Artikel der Sozialcharta in der EU beispielhaft vor:

- – Recht auf Arbeit
- – Recht auf gerechte, sichere und gesunde Arbeitsbedingungen
- – Recht auf gerechtes Arbeitsentgelt
- – Recht auf Schutz der Arbeitnehmermeinung
- – Recht auf Berufsberatung und berufliche Ausbildung
- – Recht auf Vereinigungsfreiheit (Gewerkschaft) und auf Tarifverträge

16.2   Der Europass

Um das Lernen und Arbeiten in Europa zu erleichtern, wurde der **Europass** eingeführt. Er ist eine **Europäische Bewerbungsmappe**, mit der die Bürger der EU ihre persönlichen Fähigkeiten und Qualifikationen dokumentieren können. Die Vergleichbarkeit von Zeugnissen und Diplomen der einzelnen Staaten wird verbessert. Er besteht aus fünf Bausteinen:

- – europäischer Lebenslauf
- – europäisches Sprachendokument
- – Zeugniserläuterungen für den Bereich der beruflichen Bildung
- – europäischer Diplomzusatz
- – Europass-Mobilitätsnachweis

Erste Adresse für Fragen rund um den Europass ist die nationale Agentur Bildung für Europa beim **Bundesinstitut für Berufsbildung** in Berlin.
→ *Infos unter www.europass-info.de*

Themenfeld II   Nachhaltige Existenzsicherung

1.   Versicherungsprinzipien

Drei Prinzipien bilden das System der sozialen Sicherung in Deutschland: Vorsorge-, Versorgungs- und Fürsorgeprinzip.

Das **Vorsorgeprinzip** sagt aus, dass Bürger gesetzlich verpflichtet werden, sich gegen die Grundrisiken des Lebens zu versichern. Dies ist der Fall bei den fünf Zweigen der Sozialversicherung, bei denen durch die Arbeitsaufnahme automatisch Versicherungsschutz gegeben ist.

Bei dem **Versorgungsprinzip** werden Beamte und Arbeitnehmer im öffentlichen Dienst im Krankheitsfall und im Alter durch staatliche Leistungen (Pensionen, Renten) versorgt; auch zählen Opfer von Gewalttaten und Kriegsopfer zu den Empfängern von Versorgungsleistungen des Staates. Die Zahlungen erfolgen aus Steuermitteln.

Das **Fürsorgeprinzip**, auch Sozialstaatsprinzip genannt, abgeleitet aus dem Artikel 20 des Grundgesetzes, definiert Deutschland als demokratischen und **sozialen** Bundesstaat. Es greift dort ein, wo Menschen in Not geraten sind. Insbesondere die Zahlung von Arbeitslosengeld II (Hartz IV) beruht auf dem Fürsorgeprinzip. Aber auch Wohngeldzahlungen an einkommensschwache Mieter sind hier einzuordnen. Die Finanzierung erfolgt überwiegend aus Steuern.

2.   Die Sozialversicherung

2.1   Übersicht über das System der Sozialversicherung

Das **Sozialrecht**, zusammengefasst in den **Sozialgesetzbüchern I–XII** soll das Sozialstaatsprinzip entsprechend dem Grundgesetz (Artikel 20) verwirklichen. Die **gesetzliche Sozialversicherung** besteht aus

1. **Krankenversicherung**, eingeführt 1883 durch Reichskanzler Otto von Bismarck; durch die „Kaiserliche Botschaft" 1881 verkündete der damalige Kaiser Wilhelm I. den Beginn der Sozialversicherung im Deutschen Reich.

2. **Unfallversicherung** (Einführung 1884),

3. **Rentenversicherung** der Arbeiter (1889) und der Angestellten (1911),

4. **Arbeitslosenversicherung** (1927),

5. **Pflegeversicherung** (seit 1995 in Kraft).

Es sind folgende Abgaben vom Bruttogehalt fällig (Stand 01.08.2011):

1. **Krankenversicherung** Einzahlung in den **Gesundheitsfonds**, seit 01.01.2010 sind dies 15,5 % (8,2 % Arbeitnehmer, 7,3 % Arbeitgeber).

2. **Rentenversicherung** 19,9 %,

3. **Arbeitslosenversicherung** 3 %,

4. **Pflegeversicherung** 2,2 % für Ledige, 1,95 % für Arbeitnehmer mit mindestens einem Kind.

5. **Unfallversicherung**: Die Höhe ist abhängig von dem Grad der Unfallgefahr in der Branche und der Lohnsumme der Beschäftigten im jeweiligen Unternehmen. Insgesamt etwa 1–2 % der Jahreslohnsumme.

Die Mittel der Kranken-, Renten-, Arbeitslosen- und Pflegeversicherung sind vom Arbeitnehmer und Arbeitgeber aufzubringen, der **Arbeitgeber** trägt den Beitrag zur gesetzlichen **Unfallversicherung** allein.

Den Beitragsanteil des Arbeitnehmers führt der Arbeitgeber zusammen mit seinem Anteil als **Gesamtsozialversicherungsbeitrag** an die **jeweilige Krankenkasse** des Arbeitnehmers ab. Der Beitrag zur Unfallversicherung geht vom Arbeitgeber an die zuständige **Berufsgenossenschaft**.

Seit 2003 gilt für **400 €-Jobs** (Minijobs):

1. Das Arbeitsentgelt darf 400,00 € nicht überschreiten, es besteht keine Stundenbegrenzung; als **Nebenbeschäftigung** neben Haupterwerb möglich; die Abgabe einer Lohnsteuerkarte ist nicht nötig.

2. **Eine** neben der Hauptbeschäftigung ausgeübte geringfügig entlohnte Beschäftigung ist für den Arbeitnehmer **sozialversicherungsfrei**.

3. Für diese geringfügig entlohnte Beschäftigungen trägt der **Arbeitgeber** 30 % Pauschalbetrag, davon Krankenversicherung 13 %, Rentenversicherung 15 %, Pauschalsteuer 2 %, die er an die **Einzugsstelle** der Bundesknappschaft in Cottbus zu überweisen hat.

4. Bei mehr als 400,00 € Verdienst, z.B. bei mehreren Minijobs, ist der gesamte Verdienst anteilig **sozialversicherungspflichtig**. Ab 800 € gelten die vollen Sozialversicherungsabgaben für den Arbeitnehmer.

Die **Geringverdienergrenze** beträgt für **Auszubildende 325,00 €**, d.h. alle Auszubildenden mit einer Vergütung ab 325,00 € müssen sich den vollen Arbeitnehmer-Anteil abziehen lassen. Die **Höhe der Sozialversicherungsbeiträge** legen folgende Stellen fest:

– Die Renten-, Arbeitslosen-, Pflegeversicherungssätze legt der **Bundestag** auf Vorschlag der Bundesregierung fest; der Bundesrat muss zustimmen.

– Die Höhe des Krankenversicherungsbeitrages hat zum 1. Januar 2009 auch der Bundestag mit dem Bundesrat festgelegt (**Gesundheitsfonds**).

– Die Höhe der Unfallversicherungsbeiträge bestimmt die jeweilige **Berufsgenossenschaft** als Träger der Unfallversicherung.

Ab einer bestimmten Höhe des Arbeitsentgeltes steigt der Beitrag nicht weiter an. Diese Einkommensgrenze wird als **Beitragsbemessungsgrenze** bezeichnet. Sie wird jährlich entsprechend der Steigerung der Lohn- und Gehaltssumme neu festgelegt. Sie beträgt 2011 für die **Renten-** und **Arbeitslosenversicherung** 5.500,- €, für **Kranken-** und **Pflegeversicherung** 3.712,50 € monatlich. Im Osten beträgt sie 2011 monatlich 4.800,- € für die Rentenversicherung + AV!

Sozialversicherungspflichtig sind in der

- **gesetzlichen Rentenversicherung** jeder Arbeitnehmer und Auszubildende.
- **gesetzlichen Krankenversicherung** Auszubildende, Rentenempfänger, Arbeiter und Angestellte. Arbeiter und Angestellte sind bis zur Höhe der **Versichertenpflichtgrenze** (2010: 4.162,50 € monatlich) der Krankenversicherung pflichtversichert. Danach dürfen sie sich privat versichern.
- **Arbeitslosenversicherung** alle Arbeitnehmer und Auszubildende bis zum 65. Lebensjahr.
- **gesetzlichen Pflegeversicherung** Arbeiter, Angestellte und Auszubildende bis zur Beitragsbemessungsgrenze der Pflegeversicherung. Auch Arbeitslose, Landwirte und Rentner sind pflichtversichert.
- **gesetzlichen Unfallversicherung** alle Arbeitnehmer und Auszubildenden.

Die **Träger** (Einrichtungen) der **Sozialversicherung**:

- **Rentenversicherung: Deutsche Rentenversicherung Bund**, die 16 Zweigstellen für die Arbeitnehmer in den Bundesländern hat (Deutsche Rentenversicherung Land).
- **Krankenversicherung**: Allgemeinen Ortskrankenkassen, die Betriebs-, die Ersatz- und die Innungskrankenkassen.
- Diese Kassen sind auch Träger der **Pflegeversicherung** = Pflegekassen.
- **Arbeitslosenversicherung**: Bundesagentur für Arbeit in Nürnberg mit den Agenturen für Arbeit in den Bundesländern.

Der Arbeitnehmer erhält bei Aufnahme der ersten Beschäftigung einen **Sozialversicherungsausweis** von der Deutschen Rentenversicherung. Dieser enthält unter anderem die Versicherungsnummer des Beschäftigten.

Er ist dem Arbeitgeber unverzüglich bei Beginn jeder Beschäftigung auszuhändigen. Der Arbeitnehmer erhält von den abgeführten Beiträgen des Arbeitgebers eine Bescheinigung. Dies ist der Beitragsnachweis.

2.2   Die Kranken- und Unfallversicherung

Die **Krankenversicherung** kommt auf für Vorsorgemaßnahmen, z. B. Zahnuntersuchungen für Kinder, Krebsfrüherkennung; Krankenbehandlung, dazu gehören ärztliche und zahnärztliche Behandlungen, Krankenhausbehandlungen; Versorgung mit Medikamenten, Hilfsmitteln; häusliche Krankenpflege und Haushaltshilfe; **Krankengeld**, für dieselbe Krankheit längstens 78 Wochen, von 70 % bis höchstens 90 % des letzten Nettoentgelts, abhängig von Familienstand, Kinderzahl und Mutterschaftsgeld.

Die **Berufsgenossenschaften (BG)** erlassen **Unfallverhütungsvorschriften** und überwachen diese durch technische Aufsichtsbeamte. Dabei ist der Unternehmer für die genaue Durchführung der Unfallverhütungsvorschriften verantwortlich: in Gebäuden, an Maschinen und Geräten, in Arbeitsstätten.

Auch hat der Unternehmer für eine wirksame Erste Hilfe bei Arbeitsunfällen zu sorgen.

Der **Unternehmer** bzw. Handwerksmeister hat folgende **Meldevorschriften** einzuhalten: Die Betriebseröffnung ist der BG innerhalb einer Woche zu melden. Sechs Wochen nach Ende des Kalenderjahres ist die Jahresbruttolohnsumme zu melden.

Der Unternehmer ist verpflichtet, jeden Unfall zu melden. Diese Meldung löst ein Verfahren der Berufsgenossenschaft aus, welches alles weitere regelt.

In **Unternehmen mit mehr als 20 Beschäftigten** hat der Unternehmer unter Mitwirkung des Betriebsrates mindestens einen **Sicherheitsbeauftragten** zu bestellen. Dieser hat die Aufgabe Gesundheitsgefahren, berufsbedingten Krankheiten und Unfällen in Zusammenarbeit mit dem Unternehmer und Betriebsarzt vorzubeugen.

In Betrieben ab 5 Beschäftigten ist eine **Sicherheitsfachkraft** auszubilden und der Gewerbeaufsicht zu melden.

Die **gesetzliche Unfallversicherung** soll die Folgen eines Unfalls mildern oder beseitigen. Dazu erbringt sie folgende Leistungen:

1. **Heilbehandlung** bei Arbeits- oder Wegeunfall, bei Berufskrankheit. Dabei ist der Weg von der Wohnung zur Arbeitsstätte und zurück bis zur Haustür versichert (= **Wegeunfall**).
2. **Verletztengeld.** Es entspricht dem Krankengeld der Krankenversicherung und wird für die Dauer der Arbeitsunfähigkeit bezahlt.
3. **Berufshilfe.** Durch Ausbildung, Umschulung soll der Verunglückte wieder in das Arbeitsleben eingegliedert werden.
4. **Verletztenrente**, wenn Erwerbsunfähigkeit besteht und **Hinterbliebenenrente**, insbesondere Witwen- und Waisenrente.

2.3   Die Rentenversicherung

Die **Finanzierung der Rentenversicherung** erfolgt durch die Beiträge des Versicherten und die Beiträge des Arbeitgebers. Hinzu kommt der **Bundeszuschuss**. Der Bund hat die Zuschüsse zur Rentenversicherung aus Steuermitteln aufzubringen, wenn die Beiträge zur Deckung der Ausgaben nicht ausreichen (**Bundesgarantie**).

Der **Generationenvertrag** ist ein unausgesprochener und nicht schriftlich festgelegter Vertrag zwischen den jetzigen Beitragszahlern und Rentnern. Dieser beinhaltet die Verpflichtung der heutigen Generation durch ihre Beiträge die jetzt gezahlten Renten zu sichern, in der Erwartung, dass die folgende Generation die gleiche Verpflichtung übernimmt.

Die **Rehabilitation**, also die Wiederherstellung des Menschen und seiner Arbeitskraft, soll eine frühzeitige Rentenzahlung verhindern.

Leistungen dazu sind:

- **Medizinische Leistungen**.
- **Berufsfördernde Leistungen**, d.h. berufliche Wiedereingliederung durch geeignete Arbeitsplätze, Lohnzuschüsse an Arbeitgeber, Umschulungen.
- **Ergänzende Leistungen**, wie Übergangsgeld, Lehrgangskosten, Prüfungsgebühren.

Die Rentenversicherung zahlt auf Antrag

- **Erwerbsminderungsrente**, d.h.
  - volle Rente bei Arbeit unter 3 Stunden täglich
  - halbe Rente bei Arbeit von 3–6 Stunden täglich
- **Rente** wegen **Alters**
  - Regel-Altersrente noch mit 65 Jahren, später bis 67
  - Altersrente mit 65, wenn die Mindestversicherungszeit von 45 Jahren erfüllt ist
  - Altersrente für Schwerbehinderte mit 63 Jahren, wenn 35 Jahre Wartezeit vorliegen
- **Witwen- und Waisenrente**

Hinzu kommen die Maßnahmen zur **Rehabilitation**, also der Wiederherstellung des Menschen und seiner Arbeitskraft.

Das sind medizinische Leistungen und berufsfördernde Leistungen, d.h. berufliche Wiedereingliederung durch geeignete Arbeitsplätze, Lohnzuschüsse an Arbeitgeber, Umschulungen.

2.4   Die Arbeitslosenversicherung

Die **Bundesagentur für Arbeit** in Nürnberg hat die Aufgabe der Arbeitsförderung und Arbeitslosenversicherung. Die gesetzliche Grundlage ist das **Sozialgesetzbuch** (SGB).

Die **Beiträge** leisten **Arbeitgeber und Arbeitnehmer je zur Hälfte.** Ausnahme ist das Arbeitslosengeld II (Hartz IV), das durch staatliche Steuerzuschüsse an die Bundesagentur für Arbeit finanziert wird. Zur Finanzierung der produktiven **Winterbauförderung** (Zuschüsse für Arbeitnehmer als Zusatz zum Lohn für Arbeit im Winter) wird von jedem Arbeitgeber des Baugewerbes eine Umlage erhoben.

Zur **Arbeitsförderung** gehören:

– Arbeitsmarkt- und Berufsforschung
– Arbeitsvermittlung und Berufsberatung
– Förderung der Ausbildung, Fortbildung und Umschulung
– Förderung der Arbeitsaufnahme, z.B. Zuschüsse zu Bewerbungskosten, Umzugskostenbeihilfe, Überbrückungsgeld bei Aufnahme einer selbständigen Tätigkeit

Die Bundesagentur für Arbeit hat insbesondere die Aufgabe **Arbeitsplätze zu sichern.** Dies geschieht durch Zahlung von Lohnzuschüssen für Betriebe, Kurzarbeitergeld und Winterbauförderung.

Wird in Betrieben über längere Zeit aus wirtschaftlichen Gründen weniger gearbeitet, kann auf Antrag des Betriebes bis zu 18 Monate **Kurzarbeitergeld** gezahlt werden. Die Höhe richtet sich nach dem Netto-Arbeitsverdienst, den der Arbeitnehmer in den ausgefallenen Arbeitsstunden bekommen hätte; es beträgt 67 % für Arbeitnehmer mit Kindern, 60 % für alle übrigen.

Anspruch auf **Arbeitslosengeld I** hat jeder Versicherte, der

– arbeitslos ist und der Arbeitsvermittlung zur Verfügung steht,
– mindestens 12 Monate innerhalb der 2 Jahre, die der Arbeitslosigkeit unmittelbar vorausgehen, Beiträge gezahlt hat (= Anwartschaft) und
– sich bei der Arbeitsagentur arbeitslos gemeldet hat und das Arbeitslosengeld beantragt hat.

Das **Arbeitslosengeld I** beträgt 67 % für Arbeitslose mit Kindern und 60 % für alle übrigen, bezogen auf den letzten Netto-Arbeitsverdienst. Die Dauer der Zahlung **ist befristet**: von 6 Monaten bis 24 Monate für ältere und langjährig beschäftigte Arbeitnehmer[1].

Wer das **Arbeitsverhältnis selbst gelöst hat**, die Annahme einer zumutbaren Arbeit abgelehnt oder sich einer Maßnahme zur beruflichen Förderung entzogen hat, muss mit einer **Sperrzeit** der Zahlung des Geldes bis zu 12 Wochen rechnen.

---

[1] Wer innerhalb der 5 Jahre vor der Arbeitslosigkeit mind. 2 Jahre eingezahlt hat, erhält 1 Jahr Arbeitslosengeld

Anspruch auf **Arbeitslosengeld II (Hartz IV)** hat, wer vorher Arbeitslosengeld I bezogen hat und nun weiter arbeitslos ist und weiterhin der
Arbeitsvermittlung zur Verfügung steht. Außerdem wird es nur bei **Bedürftigkeit** gezahlt. Bedürftigkeit liegt dann vor, wenn Einkommen oder Vermögen des Arbeitslosen oder seiner Familienangehörigen für den Lebensunterhalt nicht ausreichen.

Die monatliche Regelleistung beträgt 2010: 359,- € + Heizkosten + Beiträge
der Bundesagentur zur Krankenversicherung. Der Mehrbedarf für Schwangere, Behinderte und Alleinerziehende wird durch prozentuale Zuschläge
zur Regelleistung berücksichtigt. Eine Alleinerziehende erhält 251,- € pro
Kind.

Auf Antrag haben Arbeitnehmer bei Zahlungsunfähigkeit ihres Arbeitgebers **(Insolvenz)** Anspruch auf den ausgefallenen Arbeitsverdienst **(In-
solvenzgeld)**, längstens für 3 Monate rückwirkend nach Eingang des Insol-
venzantrages beim Amtsgericht.

2.5   Die Pflegeversicherung

Träger der **Pflegeversicherung** sind die **Pflegekassen**. Bei jeder Krankenkasse ist eine Pflegekasse eingerichtet.

Wechselt der Versicherte die Krankenkasse, so wechselt er damit auch zur
Pflegekasse der neuen Krankenkasse.

Pflegebedürftig sind Personen, die wegen einer körperlichen, geistigen
oder seelischen Krankheit oder Behinderung für das tägliche Leben in
großem Maße Hilfe benötigen (zur Körperpflege, Ernährung, für die Mobilität und die hauswirtschaftliche Versorgung).

Die **Stufen** der **Pflegeversicherung** sind:

   I.   erheblich Pflegebedürftige (mindestens 1 x täglich Hilfe nötig)

  II.   Schwerpflegebedürftige (mindestens 3 x täglich Hilfe nötig)

 III.   Schwerstpflegebedürftige (Hilfe rund um die Uhr nötig)

Die Prüfung der Pflegebedürftigkeit erfolgt durch den **Medizinischen
Dienst der Krankenkassen.**

Die Pflegeversicherung erbringt folgende Leistungen:

   – **Häusliche (ambulante) Pflege.** Dazu gehören Sachleistungen, Pflege-
     geld für Pflegehelfer, Pflegehilfsmittel – bis 1.550,00 € in Pflegestufe III.

   – **Teilstationäre Pflege** und Kurzzeitpflege in einer Einrichtung.

   – **Vollstationäre Pflege.** Dabei übernimmt die Pflegekasse die Aufwen-
     dungen für die Pflege im Heim bis zu einem bestimmten Betrag, maxi-
     mal etwa 2.000,00 €.

2.6   Die Sozialgerichte

Sozialgerichte entscheiden über alle Streitigkeiten in Angelegenheiten der Sozialversicherungen, der Kriegsopferversorgung und des Kassenarztrechts. Sie sind die 1. Instanz der Sozialgerichtsbarkeit.

Zusammensetzung der Kammern: Ein Berufsrichter und zwei ehrenamtliche Richter (einer aus dem Kreis der Versicherten, einer aus dem Arbeitgeberbereich).

Die **Landessozialgerichte** sind als 2. Instanz zuständig für **Berufungen** und Beschwerden gegen die Urteile der Sozialgerichte.

Das jeweilige Gericht ist mit 5 Richtern besetzt, wovon 3 Berufsrichter sind.

Das **Bundessozialgericht** in Kassel ist das oberste Gericht für die Sozialgerichtsbarkeit. Es ist die **Revisionsinstanz.**

In folgende Phasen verläuft ein **Sozialgerichtsverfahren:**

Zunächst wird gegen die Verwaltungsentscheidung des jeweiligen Versicherungsträgers (z.B. Deutsche Rentenversicherung) **Widerspruch** eingelegt; die Frist beträgt einen Monat.

Dann beginnt das Verfahren mit der **Klage** beim Gericht (mündlich einzubringen oder schriftlich einzureichen). Diese muss innerhalb eines Monats nach Widerspruchsentscheidung erfolgen.

Zuständig für die Klage ist das Sozialgericht am Wohnsitz des Klägers.

Danach folgt die mündliche Verhandlung. Das Verfahren endet mit einem Urteil, kann aber auch mit einem Vergleich der Beteiligten enden.

Bei allen Gerichten der Sozialgerichtsbarkeit besteht **Kostenfreiheit.**

3.   Das System der Individualversicherung (Private Versicherungen)

Vertragspartner sind die Versicherung (**Versicherer**) und der **Versicherungsnehmer** (Kunde), die einen Vertrag abschließen.

Man unterscheidet bei den **Individualversicherungen**

1. **Personenversicherungen**: Private Kranken-, Unfall-, Renten- und Lebensversicherungen,
2. **Sachversicherungen**: Feuer, Reisegepäck-, Hausrat-, Diebstahlversicherungen,
3. **Vermögensversicherungen**: Privat-, Berufs- und Kfz-Haftpflicht und Rechtsschutzversicherungen.

Unterschied der Sozial- und der Individualversicherungen

Sozialversicherungen	Individualversicherungen
Gesetzliche Pflichtversicherung	Meist freiwillige Versicherung
Beginn bei Arbeitsaufnahme	Beginn mit Vertragsabschluss
Beiträge nach Einkommen	Beiträge nach Leistungsumfang
Leistungen nach Erfordernissen (= **Solidaritätsprinzip**)	Leistungen nach Beiträgen (= **Versicherungsprinzip**)
Leistungen sind gesetzlich geregelt	Leistungen erfolgen nach Risiko und Beitrag

Personenversicherungen dienen der Absicherung der eigenen Person, z. B.:

– **Berufsunfähigkeitsversicherung**, die bei Berufsunfähigkeit monatliche Geldbeträge leistet.

– **private Kranken-, Unfall-, Rentenversicherung**. Sie schützen Selbstständige oder Beamte, die nicht der Sozialversicherungspflicht unterliegen. Versicherungsunternehmen bieten aber auch für Mitglieder einer gesetzlichen Krankenversicherung Zusatzversicherungen an. Private Unfallversicherungen decken Risiken im Freizeitbereich ab. Private Rentenversicherungen sollen Versorgungslücken im Alter schließen.

– Lebensversicherungen, wobei zwischen **Risikolebensversicherung** bei Tod (wichtig zur Absicherung von Familienangehörigen) und **Kapitallebensversicherung** als Geldanlage unterschieden wird.

Sachversicherungen sichern Dinge des Hausrats. **Hausratversicherungen** gelten in der Regel bei Schäden durch Sturm, Hagel, Wasserrohrbruch innerhalb der Wohnung.

Vermögensversicherungen greifen bei Schadenersatzansprüchen durch Dritte, z. B.:

– **Privat-Haftpflichtversicherungen** zahlen Schäden, die der Versicherte Anderen unabsichtlich zugefügt hat.

– **Kraftfahrzeughaftpflicht**, gesetzlich vorgeschrieben.

– **Rechtsschutzversicherung**, übernimmt Anwalts- und Gerichtskosten bei Miet-, Verkehrs- und Privatprozessen.

– **Tierhaftpflichtversicherung**, Tierhalter haften für Schäden, die ihre Haustiere angerichtet haben.

– **Reiserücktrittsversicherung**, deckt die Stornokosten.

Seit 1. Januar 2008 ist das neue **Versicherungsvertragsgesetz** (VVG) in Kraft, das unter anderem die Versicherungsnehmer (Kunden) mehr am Vermögen der Versicherer (Gesellschaft) beteiligt.

4. Entwicklung und Probleme der sozialen Sicherung

4.1 Entwicklung der staatlichen Sozialpolitik

Das Sozialrecht, das mit der Sozialgesetzgebung des damaligen Reichs-
kanzlers **Otto von Bismarcks** Ende des 19. Jahrhunderts seinen Anfang
nahm (Kaiser Wilhelm I. verkündete auf Veranlassung Bismarcks 1881 den
Beginn der Sozialgesetzgebung), ist im Laufe der Zeit immer umfangreicher
und komplizierter geworden. Das aus vielen Einzelbestimmungen bestehende Sozialrecht wurde in einem Werk zusammen gefasst, dem **Sozialgesetzbuch (SGB)** mit den **Büchern I–XII**.

Die wichtigste rechtliche Grundlage für die Sozialpolitik in der Bundesrepublik Deutschland bildet das **Grundgesetz (GG)**. In Artikel 20 Abs. 1 ist
das **Sozialstaatsprinzip** (Sozialstaatsgebot) verankert, das den Staat verpflichtet, sich um Bedürftige zu kümmern: *„Die Bundesrepublik Deutschland
ist ein demokratischer und sozialer Bundesstaat.“*

Dieses Recht ist vor Gerichten einklagbar.

4.2 Das soziale System heute und Zukunftsprobleme

Der Staat zahlt Kindergeld und Wohngeld, bezuschusst die Rentenversicherung mit über 80 Milliarden € jährlich, zahlt Zulagen für Sparverträge,
gibt Arbeitslosen finanzielle Unterstützung. Alle diese Maßnahmen haben
in den 60 Jahren Bundesrepublik ein riesiges System entstehen lassen, das
mehr als die Hälfte der Steuereinnahmen von Bund und Ländern als Ausgaben ausmacht.

Dieses so genannte **„soziale Netz“** wirkt auf Dauer allerdings nur, wenn
Millionen Arbeitnehmer und Arbeitgeber immer mehr Sozialversicherungsabgaben und Steuern zahlen.

Da dieses politisch nicht durchsetzbar ist, gelingt das nur, wenn die Wirtschaft regelmäßig wächst und damit die Einkommen steigen – die wirtschaftliche Realität gibt das aber nicht her.

Folgende Problemfelder beschäftigen unter anderen Bürger und Politiker:

- **Problemfeld: Einkommensbelastung**
  Die Belastung des Einkommens der Bürger mit Steuern und Sozialabgaben, die der Staat und die Sozialversicherungsträger erhalten, ist
  deutlich gestiegen. So muss ein durchschnittlich Verdienender im
  Jahr 2010 etwa 40 % seines Bruttoverdienstes abgeben. Viele Bürger sind
  unzufrieden, Politiker versprechen Entlastungen.

- **Problemfeld: Belastung nachfolgender Generationen**
  Staaten verschulden sich, da sie mehr ausgeben als sie einnehmen.
  Dafür sind nicht nur Zinsen in der Zukunft zu zahlen, sondern die
  Schulden müssen getilgt, also zurück gezahlt werden.

Der deutsche Staat (Bund, Länder, Kreise, Gemeinden) hat sich bis Ende 2009 mit etwa 1,9 Billionen € verschuldet. Allein die Zinsbelastung des Bundes beträgt 2010 etwa 60 Milliarden €, bei Gesamtausgaben von über 300 Milliarden €. Hinzu kommen die zusätzlichen Ausgaben zur Belebung der deutschen Wirtschaft im Jahr 2009.

Da die Schuldenlast sehr hoch ist, muss sie den zukünftigen Generationen aufgebürdet werden. Sie werden damit in die Pflicht genommen, für die großzügigen Sozialleistungen an ihre Väter und Großväter aufzukommen.

Zudem hat sich durch die hohe Lebenserwartung und die niedrige Geburtenrate der Altersaufbau der Bevölkerung in Deutschland stark verändert. Der so genannte „**Generationenvertrag**", der vorsieht, dass die jeweils berufstätige Generation für das Einkommen der Rentner sorgt, lässt sich auch aufgrund der veränderten Arbeitsmarktsituation der meisten Arbeitnehmer nicht einhalten, will man nicht die Arbeitnehmer immer stärker belasten. Der Staat muss wiederum über Steuern diese Finanzierung sichern.

5.   Individuelle Vermögensbildung

Das Vermögen oder Sparbeträge können als Geldanlage, als vermögenswirksames Sparen oder zur Vermögensbildung und zur Altersvorsorge eingesetzt werden.

5.1   Formen der Geldanlage

- **Sparbuch**: Es wird von jeder Bank oder Sparkasse angeboten, hat in der Regel eine 3-monatige Kündigungsfrist und innerhalb eines Monats können ohne Ankündigung bis zu 2.000,00 € abgehoben werden. Es erbringt nur geringe Zinsen (0,75–1,5 %), so dass es als Geldanlage wenig geeignet ist.
- **Tagesgeld**: Es wird kurzfristig Geld angelegt, über das der Kunde jederzeit verfügen kann. 2010 sind damit Zinsen von 1,5–3 % zu erzielen.
- **Termingeld/Festgeld**: Hier wird ein bestimmter Betrag, beispielsweise 1.000,00 €, für einen bestimmten Zeitraum (Monat, halbes Jahr, Jahr) festgelegt. Die Verzinsung ist deutlich höher als beim Sparbuch.
- **Aktien**: Aktien sind Beteiligungen an Unternehmen, die sich dadurch Kapital beschaffen. Der Kauf erfolgt über die Bank, die ein Wertpapierkonto anlegt. Erwirtschaftet das Unternehmen Gewinne, dann erhält der Anleger Zinsen für sein Kapital, die so genannte **Dividende**. Steigt der Kurs der Aktie, kann es für den Anleger von Interesse sein, seinen Anteil zu verkaufen. Seit 2009 behält die Bank 25 % des Kursgewinns ein und führt diesen Betrag an das Finanzamt ab (**Abgeltungsteuer**); es sei denn der Anleger hat einen Freistellungsauftrag bei seiner Bank (**Sparerfreibetrag** = 801 € pro Jahr pro Person).

- **Fonds**: Risikoärmer als der Erwerb von Aktien ist der Kauf von Fonds-anteilen. In einem Fonds bündelt eine Kapitalanlagegesellschaft, meistens von einer Bank gegründet, die Gelder zahlreicher Anleger, um sie nach dem Prinzip der Risikostreuung in verschiedenen Vermögenswerten (Aktien, Immobilien, Staatsanleihen) anzulegen. Für diese Verwaltung werden ein Ausgabenaufschlag und eine jährliche Verwaltungsgebühr erhoben. Steigt der Fondsanteilswert, kann der Anleger jederzeit verkaufen, wobei auch hier die Abgeltungsteuer einbehalten wird.

- **Bundeswertpapiere**: Sie werden von dem Finanzministerium der Bundesrepublik Deutschland herausgegeben und können direkt über die **Finanzagentur GmbH** oder über Banken bezogen werden. Es werden feste Zinssätze für die Laufzeit über die Jahre zugesichert, von 1,5–5 % jährlich. Nach einem Jahr können die Wertpapiere verkauft werden. Bundeswertpapiere liegen als Urkunde im Depot einer Bank oder – gebührenfrei – bei der Bundesschuldenverwaltung.

- **Bausparvertrag**: Er wird mit einer Bausparkasse abgeschlossen. Es gibt relativ niedrige Guthabenzinsen für die monatliche Einzahlung; bei Ansparen von 50 % der Bausparsumme erhält der Sparer nicht nur seine eingezahlten Beträge plus Zinsen, sondern auch einen zinsgünstigen Kredit von der Bausparkasse.

5.2   Vermögenswirksame Leistungen

Zusätzlich zur normalen Vergütung zahlen viele Arbeitgeber ihren Auszubildenden und Arbeitnehmern vermögenswirksame Leistungen (VL).

Der **Arbeitgeberzuschuss** beträgt je nach Manteltarifvertrag der jeweiligen Branche oder Arbeitsvertrag 6,00–40,00 € monatlich. Dieser Betrag wird in einen vom Arbeitnehmer gewählten Sparvertrag, z.B. einen Bausparvertrag, eingezahlt. Teilweise ist der Arbeitnehmer selbst zu regelmäßigen Einzahlungen verpflichtet. Über das angesparte Geld kann über einen Zeitraum von 7 Jahren nicht verfügt werden. Erst danach steht es dem Arbeitnehmer zur freien Verfügung.

Auch der Staat fördert das Sparen mit der so genannten **Arbeitnehmersparzulage**, die 9 % der Sparsumme von jährlich maximal 470,00 € beträgt. Die Auszahlung erfolgt am Ende der Laufzeit des Sparvertrages auf das jeweilige Konto.

Die staatliche Sparzulage für Produktivvermögen (Aktien, Fonds, Anteile am eigenen Unternehmen) beträgt maximal 20 % auf maximal 400,00 € jährlich.

Zusätzlich wird eine 8,8 %ige **Wohnungsbauprämie** vom Staat gezahlt, wenn das Einkommen eine bestimmte Grenze nicht übersteigt.

5.3   Vermögensbildung und Altersvorsorge

Je früher man mit der Vorsorge für das Alter beginnt, desto besser ist die Absicherung im Ruhestand. Die **Altersrente** wird für den heutigen Arbeitnehmer in den nächsten Jahrzehnten deutlich geringer ausfallen. Experten schätzen die Standardrente für 45 Beitragsjahre im Jahr 2030 auf nur noch 43 % des durchschnittlichen Bruttoeinkommens (heute ca. 60 %).

Deshalb hat sich auch schon der jetzige Auszubildende Gedanken über diese Zukunft zu machen.

Folgende „Säulen" der Altersersorgung durch Vermögensbildung sind neben der gesetzlichen Rente zu nennen:

- **Betriebsrente**: Etliche Mittel- und Großunternehmen fördern über eine Betriebsvereinbarung oder den Tarifvertrag eine betriebliche Altersversorgung. Entweder erhält der Arbeitnehmer direkt eine Rente nach Ausscheiden oder Teile seines Gehalts (z.B. das Weihnachtsgeld) fließen in eine betriebliche Altersversorgung. Das kann eine Direktversicherung oder ein Fonds sein. Da der Betrieb Geld dazu gibt und diese Beiträge steuerfrei sind, lohnt sich diese Form der Altersversorgung.

- **Riesterrente**: Um mehr Bürger zu privater Vorsorge zu motivieren, brachte der ehemalige Arbeitsminister Walter Riester eine private Zusatzrente auf den Weg, die seinen Namen trägt. Der Arbeitnehmer kann jährlich maximal 4 % seines Bruttoeinkommens in eine Versicherung oder einen Fonds einzahlen, wozu der Staat je Familienangehörigen Zuschüsse gibt. Für einen Ledigen beträgt dieser 156,00 € pro Jahr. Es werden nur solche Produkte bezuschusst, die die Auszahlung des angesammelten Kapitals mit 60 Jahren garantieren.

- **Kapitalanlageprodukte**: Dazu zählen Kapitallebensversicherungen und die private Rentenversicherung. Dazu werden private Versicherungsverträge abgeschlossen, die neben Zinsen auch Überschussbeteiligungen enthalten, also einen Teil dessen, was der Versicherer mit der Geldanlage verdiente.

- Sparen in **Aktienfonds**, die im Durchschnitt der letzten 30 Jahre die größte Rendite erwirtschaftet.

6.   Lohnformen

Die Auszubildenden und Arbeitnehmer erhalten Arbeitsentgelt: **Lohn** oder **Gehalt** bzw. Ausbildungsvergütung. Es gibt mehrere Entlohnungsformen.

6.1   Zeitlohn

Beispiele sind die Ausbildungsvergütung, das Monatsgehalt eines Ange-stellten und der Stundenlohn von Arbeitern. Die Vergütung richtet sich nach der im Betrieb getätigten Arbeitszeit. Der Schlosser erhält einen Stun-denlohn, der Meister als Angestellter erhält ein monatliches Gehalt.

Der **Zeitlohn** wird als Entlohnungsform gewählt, wenn die Qualität der Arbeit wichtig ist, z. B. bei Arbeiten im Konstruktionsbüro, und die Arbeits-leistung nicht oder nur schwer zu messen ist, z. B. bei Büroarbeiten.

Der Zeitlohn vermeidet Leistungsdruck, lässt für den Betrieb eine einfache Lohnberechnung zu und ist einfach zu kontrollieren, z. B. durch eine Stech-uhr. Als Nachteil ist ein möglicher geringer Leistungsanreiz zu nennen und der „gute" Arbeitnehmer verdient nicht mehr als sein „fauler" Kollege im gleichen Betrieb.

6.2   Leistungslohn

Der Begriff drückt es aus: Die Lohnhöhe ist abhängig von der erbrachten Leistung des Arbeitnehmers. Zum Leistungslohn gehören der **Akkord-** und der **Prämienlohn**.

Akkordlohn

Die erarbeitete Menge ist entscheidend. Dabei ist die Bezahlung im Akkord nur für Arbeiten geeignet, bei denen der Arbeitnehmer sein Arbeitstempo den Arbeitsbedingungen anpassen kann und die Tätigkeiten sich ständig wiederholen.

Für die Berechnung des Akkordlohns sind die tariflichen Mindestlöhne (z. B. 12,00 € je Stunde) heranzuziehen, dem der Akkordzuschlag (z. B. 20 % = 2,40 €) hinzugefügt wird. Die Summe ist der **Akkordrichtsatz** (14,40 € je Stunde). Dieser Akkordrichtsatz ist der Grundlohn je Stunde im Akkord, der bei Normalleistung bezahlt wird.

Bei Akkordlohnermittlung wird zwischen der Entlohnung mit **Geldakkord** und Entlohnung mit **Zeitakkord** unterschieden.

Beispiel zum Geldakkord

Ein Fliesenleger hat eine Normalleistung von 2,5 qm pro Stunde und arbei-tet 7 Stunden pro Tag. Der Akkordrichtsatz beträgt 14,40 €.
Pro verlegten qm wird dem Fliesenleger ein Entgelt von 5,76 € bezahlt (Akkordrichtsatz: Normalleistung = 14,40 € : 2,5 = 5,76 €).
Der Tagesverdienst beträgt bei einer Arbeitsleistung von 2,6 qm pro Stunde 104,83 € (5,76 € · Tagesleistung = 2,6 · 7 Stunden = 104,83 €).

Beispiel zum Zeitakkord in einer Fließbandfertigung

Eine Arbeitskraft montiert Teile, die mit 30 Teilen pro Stunde ermittelt wurden; das bedeutet eine Vorgabezeit (Zeitakkord) von 2 Minuten pro Stück. Am Tag wird 7 Stunden gearbeitet.

Pro Minute sind das 0,24 € (Akkordrichtsatz 14,40 € : 60 Minuten= 0,24 €) als Minutenfaktor.

Der Tagesverdienst beträgt bei einer Tagesleistung von 31 Stück pro Stunde 104,16 € (2 · 0,24 € · 31 · 7 = 104,16 €).

Die **Akkordlohnzahlung** belohnt die erbrachte Menge und damit den Fleiß des Arbeitnehmers und für den Betrieb besteht eine gute Auslastung der Maschinen.

Nachteile können gesundheitliche Beeinträchtigungen des Arbeitnehmers sein und die Qualität des Erzeugnisses kann leiden. Der Betrieb muss ständig Qualitätskontrollen durchführen.

Prämienlohn

Zu einem vereinbarten Grundlohn (Tariflohn) wird eine leistungsabhängige Vergütung gezahlt; beispielsweise eine Termineinhaltungsprämie auf einer Baustelle, eine Qualitätsprämie bei Unterschreitung einer Ausschussquote, eine Ersparnisprämie bei geringerem Energie- oder Rohstoffverbrauch.

Viele Betriebe belohnen auch **Verbesserungsvorschläge** durch eine Anerkennungsprämie, wobei sich Betrieb und der jeweilige Arbeitnehmer den eingesparten Betrag teilen.

6.3   Beteiligungslohn

Um das Interesse des Arbeitnehmers und die Motivation an „seinem" Betrieb und seiner Arbeit zu steigern, beteiligen immer mehr Unternehmen die Belegschaft am Erfolg. Neben dem Lohn oder Gehalt erhalten sie einen zusätzlichen Beteiligungslohn. Mitarbeiter können dabei am Gewinn oder am Kapital eines Unternehmens beteiligt werden.

– **Gewinnbeteiligung**: Mitarbeiter erhalten anstelle oder in Ergänzung ihres Gehalts eine Prämie, die an den Unternehmensgewinn gekoppelt ist. Es wird jährlich ausgezahlt oder bei einer „investiven" Gewinnbeteiligung wird das Geld zunächst nicht bar ausgezahlt, sondern bleibt im Unternehmen und kann von der Firma für Investitionen in Maschinen und Anlagen verwendet werden. Der Arbeitnehmer erhält Zinsen auf seine Beteiligung und der Arbeitsplatz bleibt durch diese Investitionen sicher.

– **Kapitalbeteiligung**: Die Arbeitnehmer können einen Kapitalstock aufbauen, indem das Geld auf Beteiligungskonten gutgeschrieben wird. Der Arbeitnehmer erhält darauf Zinsen. Möglich ist auch, dass die Mitarbeiter in den Genuss von Aktien ihres Unternehmens (Belegschaftsaktien) kommen. Sie werden damit zu Kapitaleignern und erhalten Dividende (Zinsen auf Gewinne der Aktiengesellschaft). Diese Aktien werden kostenlos oder günstig an die Belegschaft abgegeben. Einzuhaltende Sperrfristen verhindern den sofortigen Verkauf der Aktien.

7.   Steuern und Transferleistungen des Staates

7.1   Steuern: Begriff und Einteilungsmöglichkeiten

Steuern sind Geldleistungen, die vom Staat (Bund, Länder, Gemeinden) erhoben werden, ohne dass eine besondere Gegenleistung besteht.

Die Steuereinnahmen machen 97 % aller staatlichen Einnahmen aus und dienen zur **Erfüllung staatlicher Aufgaben**, wie z. B. Zuschuss zur Rentenversicherung, Kindergeld, Polizei, Straßenbau, Schulwesen, Verteidigung. Daneben verlangt der Staat Gebühren und Beiträge.

Gebühren werden für die Inanspruchnahme von Verwaltungsleistungen erhoben, wie z. B. Passgebühren, Müllgebühren, Entwässerungsgebühren. **Beiträge** sind einmalige Zahlungen für die Nutzung öffentlicher Einrichtungen, wie z. B. Erschließungsbeiträge für den Straßenausbau, Kanalisationsbeiträge. Grundlage der Abgaben ist eine **Satzung**, die von den Gemeindevertretern/Stadtverordneten/Stadträten beschlossen wird. Die Satzung wirkt dann wie ein Gesetz.

Einteilung der Steuern nach Erhebungsart

– **Direkte Steuern** werden beim Steuerpflichtigen, dem **Steuerschuldner** (= die Person, die die Steuer zu zahlen hat) direkt erhoben. Steuerzahler und **Steuerträger** (= die Person, die durch die Steuer tatsächlich belastet wird) sind hier dieselbe Person.

Beispiele

Einkommensteuer (die Lohnsteuer ist eine besondere Form der Einkommenssteuer), Gewerbesteuer, Grundsteuer, Erbschaftssteuer.

– **Indirekte Steuern** werden auf dem Umweg über bestimmte Waren erhoben, sie sind im Kaufpreis enthalten. Der Käufer (= Steuerträger) zahlt sie über den Kaufpreis mit, der Verkäufer (= Steuerschuldner) überweist den Steueranteil an das Finanzamt.

Beispiele

Umsatzsteuer (19 % auf alle Lieferungen und Leistungen; 7 % auf Grundnahrungsmittel und Bücher), Mineralölsteuer, Tabaksteuer.

Empfänger der Steuern

- Die **Gemeinden** erhalten die Grundsteuer voll und Anteile an der Einkommens-, Gewerbe- und Umsatzsteuer.
- Die **Länder** erhalten die Grunderwerbsteuer, die Kfz-Steuer und Biersteuer voll und Anteile an der Umsatz- und Einkommensteuer.
- Der **Bund** erhält alle Verbrauchsteuern (Mineralöl-, Tabak-, Kaffeesteuer), alle **Zölle** (aus Importen aus Nicht-EU-Ländern) und Anteile an der Umsatz- und Einkommenssteuer.
- Steuern, die Bund und/oder Länder und/oder Gemeinden unter sich nach einem vereinbarten Schlüssel aufteilen, heißen **Gemeinschaftssteuern**.

Beispiel

Einkommenssteuer: Bund, Land und Gemeinde am Wohnsitz des Steuerzahlers teilen sich diese Steuer nach einem Schlüssel.

7.2 Einkommensteuer und Einkommensteuererklärung

Nach dem **Einkommensteuergesetz** sind natürliche Personen, die im Inland einen Wohnsitz oder ihren gewöhnlichen Aufenthalt haben, **unbeschränkt einkommensteuerpflichtig**.

Das **Einkommen** ist steuerlich der Gesamtbetrag der **Einkunftsarten**. Unterschieden werden 7 Einkünfte aus:

1. Land- und Forstwirtschaft
2. Gewerbebetrieb
3. selbstständiger Arbeit
4. nichtselbstständiger Arbeit
5. Kapitalvermögen
6. Vermietung und Verpachtung
7. Sonstige Einkünfte, z. B. Renten

Die **Einkünfte** werden bei den Einkunftsarten 1. bis 3. als Gewinn ermittelt. Dabei ist der Gewinn der Überschuss der Betriebseinnahmen über die Betriebsausgaben, z. B. für Ärzte, Steuerberater.

Bei den Einkunftsarten 4. bis 7. erfolgt die Ermittlung der Einkünfte als Überschuss der Einnahmen über die Werbungskosten.

Werbungskosten sind **Aufwendungen**, die der Steuerpflichtige zur Erzielung seiner Einkünfte machen muss. Die Werbungskosten werden dabei bei der Einkunftsart abgezogen, bei der sie entstanden sind.

Einkünfte = Einnahmen − Werbungskosten

Beispiele

– *Bei **Einkünften aus Kapitalvermögen** sind Zinsen und Sparguthaben grundsätzlich zu versteuern. Als Werbungskosten ist ein Pauschbetrag und der Sparerfreibetrag (801,00 € im Jahr 2010 für einen Ledigen) steuerfrei. Dazu muss dem Geldinstitut ein **Freistellungsauftrag** erteilt werden.*

– *Beim Entgelt **(Einkünfte aus nichtselbständiger Arbeit)** sind v. a. Fahrtkosten zur Arbeit, Fortbildungsaufwendungen, Aufwendungen für Berufskleidung und Fachliteratur, Bewerbungskosten als Werbungskosten abzusetzen.*

– *Im Jahr 2010 beträgt der steuerfreie **Arbeitnehmerfreibetrag** 920,00 €; überschreitet der Steuerzahler diesen Betrag mit seinen Aufwendungen, lohnt sich eine **Einkommensteuererklärung**, um sich gezahlte Steuern zurückzuholen.*

Abgeltungsteuer

Von 2009 an werden Erträge aus Kapitalanlagen (Zinsen, Dividenden, Kursgewinne von Aktien) einheitlich mit einem **Pauschalsatz** von **25 %** besteuert, plus Solidaritätszuschlag (5,5 % der ESt) und eventuell Kirchensteuer. Banken behalten die Steuer ein und führen sie an das Finanzamt ab. Die Steuerschuld des Anlegers ist damit abgegolten.

Zu den **einkommensteuerfreien Einnahmen** gehören Arbeitslosengeld, Kurzarbeitergeld, Kindergeld, Wohngeld und der Lottogewinn. Erst durch Zinsgewinne aus dem Lottogewinn entsteht bei Überschreitung des Freibetrags eine Einkommenssteuerpflicht.

Sonderausgaben sind im Wesentlichen Vorsorgeaufwendungen wie Beiträge zu den Sozialversicherungen, zur Lebensversicherung, zur Kranken-, Haftpflicht-, Unfallversicherung; zu den Sonderausgaben gehören auch Kirchensteuerzahlungen, auch Spenden an gemeinnützige Organisationen und Parteien. Diese können auch die Einkommensteuer senken.

Um soziale Gesichtspunkte zu berücksichtigen, können auf Antrag **außergewöhnliche Belastungen** steuermindernd wirken, wobei ein Eigenanteil dem Steuerzahler zugemutet wird.

Beispiele

Ausgaben für Behinderte, Zuzahlungen für Arzt oder Zahnarzt, Unterstützung bedürftiger Angehöriger, Ausbildungsaufwendungen für Kinder.

Es gibt **6 Steuerklassen**:

Steuerklasse I: Arbeitnehmer, die ledig, verwitwet oder geschieden sind.

Steuerklasse II: Ledige oder geschiedene Arbeitnehmer mit mindestens einem Kind.

Steuerklasse III: Verheiratete, wenn der Ehegatte nicht in einem Arbeitsverhältnis steht oder in Steuerklasse V ist.

Steuerklasse IV: Verheiratete, wenn beide Ehegatten Arbeitslohn beziehen.

Steuerklasse V: Beide Ehegatten beziehen Arbeitslohn; der eine geht in Steuerklasse III, der andere in V.

Steuerklasse VI: Wird eingetragen für Arbeitnehmer mit einem zweiten Arbeitsverhältnis. Steuern nach Steuerklasse VI muss der Arbeitgeber auch berechnen, wenn der Arbeitnehmer die Lohnsteuerkarte nicht vorlegt.

Tarif- oder Steuerzonen

Das **Bruttoentgelt** bestimmt neben der **Steuerklasse** die Höhe der Abgaben. Dabei gibt es folgende **Steuerzonen** (Angaben pro Jahr für Ledige, bei Verheirateten gilt der doppelte Betrag):

1. **Nullzone**: Durch einen Grundfreibetrag und andere Freibeträge sind Einkommen bis ca. 9.000,00 € steuerfrei.

2. **Untere linear-progressive Zone**: Dabei wird jeder € zwischen 9.000,00 und ca. 13.000,00 von 15 bis 24 % besteuert (Stand Juni 2010).

3. **Zweite Progressionszone**: Jeder € zwischen ca. 13.000,00 und 52.000,00 wird mit einem steigendem Steuersatz von 24 bis 45 % besteuert.

4. **Obere Proportionalzone**: Jeder € über 52.000,00 wird mit 45 % besteuert.

Eine **Einkommensteuererklärung muss** abgeben, wer

– neben dem Hauptjob weitere Einkünfte über 400,00 € hat,

– im Jahr bei mehreren Unternehmen gearbeitet hat,

– Freibeträge, z.B. wegen hoher Fahrtkosten, eintragen ließ,

– als Ehepaar die Steuerklassen III und V gewählt hat.

Die Einkommensteuererklärung sollte bis zum 31. Mai des Folgejahres abgegeben sein; auf Antrag kann der Termin bis zum 30.09. des Folgejahres verlängert werden.

7.3   Transferleistungen des Staates: Sozialhilfe, Wohngeld, Elterngeld, Kindergeld

Transferleistungen des **Staates** sind alle Geldmittel, die an private Haushalte und Unternehmen ohne direkte Gegenleistung gezahlt werden, um bestimmte politische, wirtschaftliche oder soziale Ziele zu erreichen.

Werden Zuschüsse an **Unternehmen** gezahlt, um beispielsweise die Ansiedlung von Arbeitsplätzen zu fördern, spricht man von **Subventionen**.

Zu den staatlichen Transferleistungen, die an die **privaten Haushalte** fließen, zählen vor allem Arbeitslosengeld II (Hartz IV), Eltern- und Kindergeld, Wohngeld und Sozialhilfe. Diese Leistungen erbringt der Staat aus Steuermitteln zur Verwirklichung sozialer Gerechtigkeit und sozialer Sicherheit, ohne dass die Betroffenen dafür Beiträge gezahlt haben.

Sozialhilfe und Wohngeld

Menschen haben einen Anspruch auf diese Leistungen, wenn sie keine Arbeit haben, keine Versicherung oder kein Vermögen vorhanden ist, Verwandte sie nicht unterstützen können. Jeder Bürger unseres Landes soll ein menschenwürdiges Leben führen können. Dabei ist die Sozialhilfe eine nachrangige Unterstützung. Landkreise und kreisfreie Städte als Sozialhilfeträger zahlen nur, wenn alle anderen Möglichkeiten ausgeschöpft sind.

Die Sozialhilfe umfasst im Wesentlichen:

- **Hilfe zum Lebensunterhalt**: Es werden Leistungen für Ernährung, Unterkunft, Kleidung, Heizung gewährt, z. B. für Alleinerziehende mit kleinen Kindern.
- **Hilfe zur Grundsicherung im Alter**: Bedürftigen alten Menschen steht eine Grundsicherung in Form eines Zuschusses zu, wenn sie von der Rente allein nicht leben können.
- **Hilfe zur Pflege**: Das Sozialamt unterstützt pflegebedürftige Personen, wenn das eigene Einkommen und die Leistungen der gesetzlichen Pflegeversicherung nicht ausreichen.

Wohngeld ist ein Zuschuss der Sozialhilfeträger. Sowohl Mieter wie auch Eigentümer können ihn erhalten, wenn die Kosten für den Wohnraum die wirtschaftliche Leistungsfähigkeit (Einkommen) übersteigen.

Elterngeld/Elternzeit und Kindergeld

Das **Elterngeldgesetz** regelt den Anspruch auf **Elterngeld**, das Mütter oder Väter in den ersten 12 Monaten nach der Geburt erhalten. Die Höhe beträgt 67 % des Nettogehalts, maximal 1.800,00 €. Nimmt der andere Partner ebenfalls 2 Monate Elternzeit in Anspruch, erhält auch er für diese 2 Monate Elterngeld.

Der Anspruch auf **Elternzeit** besteht für maximal 3 Jahre ab der Geburt. Während dieser Zeit besteht absoluter Kündigungsschutz. Die Elternzeit kann von jedem Elternteil allein oder von beiden Elternteilen gemeinsam genommen werden.

Seit 1. Januar 2010 gilt das neue Familienleistungsgesetz. Damit beträgt das **Kindergeld** ab Januar 2010 für das erste und zweite Kind monatlich 184,00 €; für das dritte Kind 190,00 € und ab dem vierten Kind je 215,00 € im Monat. Die Familienkasse der Bundesagentur für Arbeit zahlt dieses aus.

Kindergeld und Elterngeld werden unabhängig vom Einkommen der Eltern gezahlt. Damit soll auch Paaren mit höherem Einkommen ein Anreiz geboten werden, sich für Kinder zu entscheiden.

8. Planung von Karriere und Familie

Wesentlich für den Einzelnen und seine Familie ist die Planung von Lebensentwürfen als **Karriere im Beruf** und die **Rolle in und als Familie**.

Die **Planung der Karriere**, also des möglichen beruflichen Aufstiegs, hängt von vielerlei Faktoren ab:

- Schulischer Werdegang, Berufsausbildung, Berufswahl, Weiterbildung und das Verfügen über Schlüsselqualifikationen, d. h. die Fähigkeiten, mit anderen im Team arbeiten, Konflikte bewältigen und kommunizieren zu können, sind von dem Einzelnen zu beeinflussen.

- Weniger oder nicht beeinflussbar von dem Einzelnen sind das vorhandene Bildungssystem, die soziale Herkunft, das Geschlecht, Förderung durch Unternehmen.

Die **Planung der Familie**, die auch bedeutsam für die berufliche Karriere ist, erfährt seit Jahren einen Wandel in den Industriestaaten: Neben der Frage der Ehe oder des Zusammenlebens ohne Trauschein sind die Selbstverwirklichung der Frauen, die gestiegene Kinderlosigkeit und die gewachsenen materiellen Ansprüche wesentliche Elemente der Entwicklung unserer Gesellschaft.

Diese Gesichtspunkte haben auch zu tun mit den **Rollenerwartungen**, d. h. welche Erwartungen hat man selbst an seinen Beruf, was erwarten die Vorgesetzten, die Kollegen, was die Familie, welche Rolle können dabei der Staat und die Unternehmen spielen?

- **In der Familie** wird von den Eltern oder dem Erziehenden erwartet, dass er weiß, was er zum Wohl des Kindes tun muss. Nicht wenige Familien sind damit überfordert und scheitern. Drogenkonsum, Kindesmissbrauch, Scheitern in der Schule sind häufig diskutierte Themen.

- An den **Staat** ist die Erwartung gerichtet, familien- und kinderfreundliche Politik zu betreiben. Neben den sozialen Leistungen, der Förderung der Kindergärten und dem Ausbau der Krippenplätze kümmert sich der Staat um Erziehungsberatung, Suchttherapie und Hilfen für Kinder aus Migrationsfamilien. **Unternehmen** müssen sich dem Wettbewerb um gute Mitarbeiter stellen und das bedingt auch Rücksichtnahme auf die Arbeitnehmerinteressen. Ein Arbeitsumfeld, in dem Familie, Freizeit und Beruf miteinander zu vereinbaren sind, ist ein wichtiger Motivationsfaktor für die Beschäftigten. Beispiele können sein: Variable Arbeitszeit, betriebliche Kinderbetreuung, Einarbeitungsprogramme für wieder einsteigende Frauen nach der Babypause, Weiterbildungsangebote.

Themenfeld III   Unternehmen und Verbraucher in Wirtschaft und Gesellschaft

1.   Ziele, Aufgaben und Aufbau von Betrieben und Unternehmen

Nach dem **erwerbswirtschaftlichen Prinzip** ist in einer Marktwirtschaft das **oberste Ziel** einer Unternehmung, einen möglichst großen Gewinn zu erzielen (Gewinn = Verkaufserlöse – Aufwendungen). Der **Gewinn** ist dabei für das Unternehmen **Risikoprämie** (Verzinsung) für das eingesetzte Kapital und – für den Einzelunternehmer – sein **Einkommen**, von dem er lebt und für das er Steuern bezahlt.

Unterziele, die der so genannten Gewinnmaximierung dienen, sind:

– Umsatzsteigerung, d. h. Mehrverkauf und neue Kunden gewinnen,
– Sicherung und Vergrößerung der Marktanteile gegenüber den Wettbewerbern,
– Kostensenkung, d. h. immer wieder prüfen, ob Betriebsablauf, -verwaltung und Einsatz von Material wirtschaftlicher möglich sind,
– Streben nach Ansehen und Anerkennung (Prestige).

Die Betriebswirtschaftslehre nennt die folgenden vier betrieblichen **Aufgaben**- oder **Funktionsbereiche**: Beschaffung, Produktion, Absatz, Verwaltung.

In jedem der betrieblichen Funktionsbereiche sind vom Unternehmer unterschiedliche Probleme zu bewältigen und spezielle Aufgaben zu erledigen.

Begriffsklärung

*Der **Betrieb** ist die technisch-organisatorische Einheit (z. B. Getriebewerk); das **Unternehmen** umfasst unter Umständen mehrere Betriebe und ist damit die wirtschaftlich-finanzielle Einheit (z. B. BMW AG). Beim kleinen Handwerksbetrieb oder Händler sind Betrieb und Unternehmen identisch.*

1.1   Beschaffung

Die Aufgabe der **Beschaffung** innerhalb der betrieblichen Funktionen ist die **Deckung** des gesamten Bedarfs an allen **Produktionsfaktoren** (Rohstoffe, Betriebsmittel, Arbeitskräfte) und Dienstleistungen (Steuer- oder Betriebsberatung, Schulung), die zur betrieblichen Leistungserstellung benötigt werden.

Die **Materialbeschaffung** im Betrieb umfasst die Bedarfsermittlung: Der Materialbedarf wird durch Kundenaufträge und Lagerbestand bestimmt. Bezugsquellenermittlung: Die Auswahl des bzw. der günstigsten Lieferanten erfolgt anhand von Angeboten oder Lieferantenkartei oder -datei. Bestellung des Materials und Materialannahme: Eingangsprüfung hinsichtlich

Menge und Qualität der Sendung anhand des Lieferscheins, Quittieren des Empfangs.

Dazu kommt die Lagerung des Materials: Fachgerechtes Sortieren und Lagern der Stoffe und Waren, verbunden mit Prüfung auf Mängel.

Die **Lager-** bzw. **Vorratshaltung** sichert dem Betrieb die regelmäßige Produktionsbereitschaft und überbrückt die Zeitspanne zwischen Lieferung, Produktion und Absatz.

Darüber hinaus ermöglicht die Lagerhaltung den Unternehmen die Ausnutzung von Preisvorteilen, z.B. durch Mengenrabatte oder Sonderangebote.

Der **optimale Lagerbestand** ist der Bestand, bei dem sämtliche für einen reibungslosen Produktionsablauf benötigten Roh-, Hilfs- und Betriebsstoffe zu minimalen Kosten gelagert werden können.

Ein **eiserner Bestand** (= **Mindestbestand**) sollte für jede benötigte Rohstoff- und Warenart in jedem Betrieb gehalten werden. Seine Höhe ist abhängig von dem Bedarf, der Bestellmenge und den Lieferzeiten.

Auch für unvorhergesehene Störungen bei den Lieferungen ist ein **Mindestbestand** nötig.

1.2   Produktion, Fertigungskontrolle

In kleineren Betrieben werden in der Produktion die folgenden Fertigungsverfahren praktiziert:

- **Einzelfertigung**: Bei dieser Fertigungsart stellt der Betrieb Erzeugnisse her, die in ihrer Art nur einmal, nach Maßgabe und Wünschen des jeweiligen Kunden, produziert werden, z.B. der Bau einer Haustür im Tischlerhandwerk oder die Anfertigung einer Brille im Optikerhandwerk.

- **(Klein-) Serienfertigung**: Serienfertigung liegt vor, wenn Erzeugnisse in begrenzter Stückzahl produziert werden, deren Herstellung relativ ähnlich ist, z.B. die Produktion von Fenstern gleicher Größe durch den Schreiner oder der Bau von gleichen Modellen durch den Modellbauer. Große Serien produzieren beispielsweise die Autohersteller.

- **Sortenfertigung**: Bei der Sortenfertigung werden aus dem gleichen Grundstoff verschiedene Sorten auf denselben Maschinen hergestellt, z.B. im Bäckerhandwerk verschiedene Brötchensorten.

Die **Fertigungskontrolle** umfasst Termin- bzw. Zeitkontrolle (= Vergleich zwischen Soll-Zeit und Ist-Zeit des Auftrages), Kostenkontrolle (= Vergleich zwischen Vor- und Nachkalkulationswerten) und Qualitätskontrolle (= Kontrolle der Produktgüte nach verschiedenen Qualitätsmerkmalen).

1.3   Absatz

Absatz ist die systematische Vermarktung der Produkte, d.h. der Verkauf der Waren und Leistungen am Markt bzw. an den Kunden.

Auf **Käufermärkten** wird das Marktgeschehen weitgehend durch das Verhalten der Käufer bestimmt. Bei einer solchen Marktsituation übersteigt das Angebot die Nachfrage, die Konsumenten sind kritisch und preisbewusst und die Anbieterseite ist durch starken Wettbewerbsdruck gekennzeichnet.

Nahezu alle Märkte in modernen Industriegesellschaften sind durch diese Käufermarktsituation gekennzeichnet. Für den selbständigen Unternehmer bedeutet dies, dass der Bereich Absatz für ihn den betrieblichen Engpass (d.h. den problematischsten Aufgabenbereich) darstellt.

Marketing ist marktorientierte Unternehmensführung, d.h. die Ausrichtung aller betrieblichen Aufgabenbereiche (Beschaffung, Produktion, Absatz, Verwaltung) auf die Anforderungen und Bedürfnisse der aktuellen und der möglichen Märkte (Kunden) des Betriebes.

Die Marktanalyse und die Marktbeobachtung sind Verfahren der Marktforschung.

Die **Marktanalyse** ist die systematische, in der Regel einmalige Untersuchung eines räumlich und sachlich genau abgegrenzten Marktbereichs hinsichtlich Kundenkreis, Kaufkraft und Kundenwünschen.

Die **Marktbeobachtung** ist die dauernde Erforschung bzw. Erkundung des Absatzmarktes, um z.B. Geschmacksänderungen der Käufer, Moden und Trends rechtzeitig wahrnehmen und entsprechend reagieren zu können.

Vier Marketinginstrumente werden unterschieden:

- **Preispolitik**: Gestaltung der Preise, Preisnachlässe (Rabatt, Skonto) und Zahlungsregelungen
- **Produktpolitik**: Gestaltung und Qualität der Produkte und Dienstleistungen
- **Vertriebspolitik**: Festlegung der Art und Weise, wie die Leistungen und Erzeugnisse zum Kunden gelangen
- **Kommunikationspolitik**: Festlegung aller Maßnahmen wie **Werbung** und Public Relations (Öffentlichkeitsarbeit), durch die gezielt Informationen über Produkte und Leistungen an die Kundengruppen weiter gegeben werden.

1.4   Aufbau- und Ablauforganisation

Organisation schafft ein System von Regelungen im Betrieb, mit deren Hilfe die Produktionsfaktoren (= Arbeit, Betriebsmittel und Werkstoffe) aufeinander abgestimmt werden, damit die Betriebsziele (z.B. Gewinnerzielung, Umsatzsteigerung) bestmöglich erreicht werden.

Mithilfe der **Organisation** wird ein System von allgemeingültigen Regelungen im Betrieb für wiederkehrende, vorhersehbare Abläufe, Vorgänge oder Probleme geschaffen.

Improvisation ist eine behelfsmäßige Regelung bzw. Lösung für unerwartete Probleme oder Abläufe durch eine Einzelfallentscheidung. Da nicht sämtliche Betriebsvorgänge organisiert werden können, ergibt sich die Notwendigkeit, unerwartete, ungewöhnliche Betriebsprobleme durch Improvisation zu lösen.

Die **Aufbauorganisation** gliedert die betriebliche Gesamtaufgabe in Hauptaufgaben, Teilaufgaben und Elementaraufgaben und bestimmt die Abteilungen und Stellen, in denen diese erledigt werden.

Mithilfe der Aufbauorganisation wird somit einerseits festgelegt, welche Betriebsabteilungen welche Aufgaben haben, und andererseits bestimmt, wie die Zusammenarbeit der unterschiedlichen Abteilungen und Stellen erfolgt und welche **Kompetenzen** (Zuständigkeiten) damit verbunden sind.

Der betriebliche Aufbau wird anhand eines Organisationsplanes (**Organigramm**) dargestellt.

Beispiel

*Ist in einem **Kfz-Handwerksbetrieb** die **Stelle** des Lageristen eingerichtet, so sind dieser Stelle bestimmte Aufgaben wie die Annahme, Einlagerung, Pflege und Ausgabe des Materials sowie die Kompetenzen des Stelleninhabers zugeordnet.*

Stellenbeschreibungen dienen sowohl dem Mitarbeiter als auch der Unternehmung, da sie als Grundlage für die Bewertung der Arbeitsleistung und damit für die Entlohnung herangezogen werden können.

Als **Abteilung** bezeichnet man die Zusammenfassung mehrerer Stellen unter einer einheitlichen Leitung (Abteilungsleiter).

Beispiel

Abteilungen, die in einem Betrieb des Kfz-Handwerks gebildet werden können, sind: Auftragsannahme, Motorinspektion und -reparatur, Karosseriebau, Lackiererei, Lager.

Die **Ablauforganisation** befasst sich mit der Gestaltung von Arbeitsgängen in zeitlicher und räumlicher Hinsicht, um die Arbeitsabläufe bestmöglich aufeinander abzustimmen.

Beispiel

*Ablauforganisation in einer **Tischlerei** bedeutet für die Fertigung von Fenstern die Festlegung: Welche Mitarbeiter mit welchen Maschinen und zu welchem Zeitpunkt das Material zuschneiden, die Profile verleimen, die Verglasung vornehmen und schließlich die Montage an der Baustelle durchführen.*

1.5   Organisation der Verwaltung und Datenverarbeitung

Die **Organisation** der **Verwaltung** umfasst hauptsächlich die Bereiche Rechnungswesen, Betriebsorganisation, Finanzwirtschaft, Personalwirtschaft und Materialwirtschaft.

Zur **rationellen Abwicklung** von **Verwaltungsarbeiten** im Büro steht dem selbstständigen Handwerksmeister eine Vielzahl planerischer und organisatorischer Mittel bereit: Formulare (Rechnungsformulare, Auftragsbestätigungen, Stundenlisten), Büromaschinen (Diktiergeräte, Personal Computer), Planungstafeln und -geräte (Finanzplan, Auftrags- und Fertigungspläne), Ablagesysteme (Aktenordner, Registraturschränke).

Der **Einsatz von EDV** ist in allen betrieblichen Aufgabenbereichen notwendig und üblich. Einsatzgebiete sind:

– **Beschaffung**: Lagerverwaltung, Bestellung, Materialdisposition
– **Produktion**: Arbeitsvorbereitung, Kapazitätsauslastung, rechnerunterstützte Entwicklung und Konstruktion (**CAD**), Fertigung durch Maschinen, deren Bewegungsabläufe von integrierten Rechnern gesteuert werden (**CNC**), oder computerunterstützte Qualitätssicherung und Kontrolle (**CAQ**)
– **Absatz**: EDV-Verwaltung von Verkaufslager und Kundendateien
– **Verwaltung**: Textverarbeitung (Angebote, Auftragsbestätigungen, Geschäftsbriefe, Rechnungen), Buchführung (Buchung von Zahlungseingängen, Mahnwesen, Anlagenbuchhaltung, Kennzahlen), Kostenrechnung (Kostenstellenverwaltung und Betriebsabrechnung, Kalkulation), Statistik (Periodenvergleiche, Betriebsvergleiche).

2.   Kosten und betriebliche Leistungsmaßstäbe

2.1   Grundlagen der Kosten- und Erlösrechnung

Kosten entstehen, wenn **Güter** und **Dienstleistungen** für die Produktion und den Absatz der betrieblichen Erzeugnisse oder Leistungen (Rohstoffe, Abnutzung der Maschinen) **verbraucht** werden.

Sämtliche zur Erreichung des Betriebszweckes nötigen Werteverbräuche sind Kosten. Damit sind z.B. Spenden eines Betriebes an das Deutsche Rote Kreuz **keine** Kosten.

Erlöse werden grundsätzlich durch die Herstellung von Gütern oder die Erbringung von Dienstleistungen gegenüber den Kunden erwirtschaftet. Damit ist die Summe des Absatzes einer bestimmten Abrechnungsperiode (netto pro Monat) in € die Summe der **Erlöse (= Umsatz)**.

Aufgaben der **Kostenrechnung**:

– Erstellung von Kalkulationsunterlagen für die Preisfindung
Durch die Ermittlung sämtlicher bei Herstellung und Absatz eines
Erzeugnisses anfallenden Kosten wird der Preis ermittelt, der am Markt
(bei den Kunden) erzielt werden muss, um die entstehenden Kosten zu
decken (**Preisuntergrenze**).
Wenn für ein Produkt oder eine Dienstleistung die Verkaufspreise sowie
die Produktionskosten feststehen, lassen sich die Beschaffungspreise,
die höchstens für das in das Produkt eingehende Material gezahlt werden können, errechnen (**Preisobergrenze**).

– Erfolgsermittlung und Beurteilung
Mithilfe der Kosten- und Erlösrechnung wird der Betriebserfolg ermittelt – den man als Betriebsergebnis oder Betriebsgewinn bezeichnet –
indem die Kosten von den Erlösen abgezogen werden.
Erlöse – Kosten = Betriebsgewinn

Beispiel

Das ¼-Jahresergebnis einer Tischlerei in €

	Gesamtbetrieb	*Fenster*	*Türen*	*Tische*
Erlöse	*300.000*	*90.000*	*120.000*	*90.000*
Kosten	*260.000*	*80.000*	*70.000*	*110.000*

Folgerung
*Der positive Betriebsgewinn (40.000,00 €), verursacht durch Fenster und
Türen, spiegelt lediglich einen Teil des Betriebes wieder, da die Tische ein
negatives Betriebsergebnis ausweisen.*
*Diese differenzierte Erfolgsermittlung gibt dem Unternehmer die Chance,
frühzeitige Fehlentwicklungen zu erkennen und geeignete Gegenmaßnah-
men einzuleiten.*

In größeren Unternehmen ist das die Aufgabe des **Controlling**. Diese Abteilung sammelt nicht nur alle Daten, sondern entwickelt auch Vorschläge zur
Korrektur und Steuerung der Zielvorgaben des Unternehmens.

2.2   Analyse von Bilanz und Erfolgsrechnung

Neben den **Kosten** und **Erlösen** sind für einen Unternehmer auch Zahlen
wichtig, die aus der **Bilanz** (= Gegenüberstellung von Kapital und Vermögen) und aus der **Gewinn- und Verlustrechnung** ermittelt werden. Dazu
gehören neben anderen:

– Die Rentabilität des Eigenkapitals, d.h. lohnt es sich mein eigenes Geld
 in mein Unternehmen einzubringen oder sollte ich es bei den Bank
 anlegen? Diese so genannte **Eigenkapitalrentabilität** (= Gewinn · 100 :
 Eigenkapital) sollte deutlich über dem Bankzinssätzen liegen.

- **Cash-Flow** ist der finanzielle Überschuss aus den laufenden Tätigkeiten des Unternehmens. Er setzt sich hauptsächlich zusammen aus dem Gewinn und den Abschreibungen für Anlagegüter und gibt einen Überblick über die Selbstfinanzierungskraft und Investitionsstärke des Unternehmens.
- Die Erlöse müssen die Kosten übersteigen. Nur dann ist **Wirtschaftlichkeit** gegeben.

Ein Unternehmen muss zahlungsfähig sein, um überleben zu können. Diese als **Liquidität** bezeichnete Kennzahl sollte mit den flüssigen Mitteln (Bank und Kasse) und den Forderungen gegenüber Kunden größer sein als die kurzfristigen Schulden gegenüber Banken und Lieferanten. Dann ist ein Unternehmen zahlungsfähig oder liquide. Ansonsten liegt Zahlungsunfähigkeit oder **Illiquidität** vor und das Unternehmen muss Insolvenz beim Amtsgericht anmelden.

2.3   Rechtsformen an Beispielen

Die Formen, unter denen ein Kaufmann oder mehrere Kaufleute ihre Geschäfte betreiben und in der Öffentlichkeit auftreten, werden als **Rechtsformen** bezeichnet.

Neben der **Einzelunternehmung** werden **Personengesellschaften** (OHG, KG, GmbH & Co. KG), **Kapitalgesellschaften** (GmbH, Aktiengesellschaft = AG) und **Genossenschaften** (Genossenschaftsbanken, Raiffeisen, Einkaufsgenossenschaften wie Edeka) unterschieden.

In **Einzelunternehmungen** wird das betriebsnotwendige Kapital von einer Person (Eigentümer = Unternehmer) aufgebracht, die das alleinige Risiko trägt und den gesamten Gewinn erhält. Investitions- und Produktionsentscheidungen werden nur vom Eigentümer gefällt.

Beispiel

Ein Tischlermeister, der sein Handwerk in der Rechtsform der Einzelunternehmung betreibt, haftet also mit seinem kompletten Vermögen für Verbindlichkeiten des Betriebes, trägt Verluste allein, erhält aber andererseits im Erfolgsfall den gesamten Gewinn. Entscheidungen über den Kauf von Maschinen und die Annahme von Kundenaufträgen werden nur von ihm getroffen.

Die **offene Handelsgesellschaft (OHG)** ist als **Personengesellschaft** ein Zusammenschluss von mindestens zwei Personen zum Betrieb eines Handelsgewerbes unter gemeinsamen Namen (**Firma**). Alle OHG-Gesellschafter haben gleiche Rechte und Pflichten. Sie **haften** für Verbindlichkeiten der Gesellschaft unmittelbar, unbeschränkt (mit Privat- und Geschäftsvermögen) und solidarisch (ein Gesellschafter für alle Gesellschaftsschulden). Für die OHG ist eine Handelsregistereintragung beim Amtsgericht erforderlich (Abteilung A).

Die **Gewinnverteilung** beträgt laut **Handelsgesetzbuch** (HGB): Vorab 4 % des Gewinns berechnet auf die Einlage jedes Gesellschafters und der Restgewinn auf alle Gesellschafter zu gleichen Teilen. Vertraglich ist jede andere Regelung möglich.

Die **Kommanditgesellschaft (KG)** ist eine **Personengesellschaft**, die von mindestens zwei Gesellschaftern gegründet werden muss. Ein Gesellschafter haftet dabei mit seinem gesamten Privat- und Geschäftsvermögen (= **Komplementär**), der andere nur mit seiner Kapitaleinlage (= **Kommanditist**). Die Geschäftsführung der KG wird vom Komplementär übernommen, der Kommanditist hat jedoch ein Einsichtsrecht in die Geschäftsbücher.

Die Gründe, welche die **KG** auch für kleine Betriebe interessant machen, liegen einerseits in der Eignung dieser Rechtsform als **Familiengesellschaft** (z. B. Handwerksmeister wird Komplementär und Ehefrau sowie Kinder werden Kommanditisten mit Gewinnberechtigung). Andererseits in der Möglichkeit der Aufnahme neuer Kommanditisten (z. B. langjährige, qualifizierte Mitarbeiter) zur Erhöhung des Gesellschaftskapitals, ohne das die Geschäftsführungsbefugnis des Komplementärs berührt wird.

Die **GmbH** ist eine **Kapitalgesellschaft**, deren Gesellschafter nur mit ihrer Einlage für Schulden der Gesellschaft haften. Die Gründung erfolgt durch einen notariell beurkundeten Vertrag mit mindestens einem Gesellschafter (Ein-Mann-GmbH), das Stammkapital beträgt mindestens 25.000,00 € und die Stammeinlage jedes Gesellschafters mindestens 100,00 €.

Seit November 2008 ist auch die Gründung einer sogenannten „Unternehmergesellschaft" mit 1,00 € möglich, wobei Gewinne solange im Unternehmen verbleiben müssen, bis die 25.000,00 € erreicht sind.

Die Gesellschaft ist ins Handelsregister Abteilung B einzutragen und wird durch die Organe Geschäftsführer, Aufsichtsrat (erst ab 500 Beschäftigten erforderlich) und Gesellschafterversammlung vertreten. Jeder Gesellschafter hat ein Recht auf Anteil am Gewinn, der gemäß der Satzung der GmbH verteilt wird.

Einer der größten **Vorteile** der **GmbH** liegt in der Beschränkung der Haftung auf das Gesellschaftsvermögen, sodass der Unternehmer nicht mit seinem Privatvermögen für Gesellschafts- bzw. Geschäftsschulden haftet. Als angestellter **Geschäftsführer** „seines" Unternehmens bezieht der Unternehmer außerdem ein Gehalt.

Die bekannteste ausländische Rechtsform in Deutschland ist die britische **Limited (Ltd)**. Die Limited ist der GmbH rechtlich und steuerlich sehr ähnlich: Wie bei der GmbH haften die Gesellschafter nur mit ihrem Geschäftsvermögen, das Stammkapital beträgt mindestens ein englisches Pfund, ca. einen Euro. Die Gründungskosten wie die vertragliche Gestaltung und Eintragung in das britische Handelsregister sind in England sehr günstig.

2.4   Wirtschaftliche Verflechtungen

Eine **Kooperation** ist die freiwillige Zusammenarbeit von Unternehmungen, die ihre rechtliche Selbständigkeit behalten.

Möglichkeiten für Kooperationen im Handwerk bestehen in sämtlichen betrieblichen Aufgabenbereichen, z. B. durch eine gemeinsame Materialbeschaffung, die gemeinsame Nutzung technischer Anlagen und Maschinen sowie die gemeinschaftliche Durchführung eines größeren Auftrages.

Gründe, die für Kooperationen im Handwerk sprechen, sind im Wesentlichen die Verbesserung der Wettbewerbsfähigkeit, der Produktionsbedingungen, eine Risikoverteilung und Steigerung der wirtschaftlichen Leistung bzw. Kostensenkung.

Bei einer **Fusion** schließen sich bislang eigenständige Unternehmen zu einem wirtschaftlich und rechtlich einheitlichen Unternehmen zusammen.

Das **Kartellgesetz**, das einen geregelten Wettbewerb sichern und damit **marktbeherrschende Unternehmen** verhindern soll, verbietet grundsätzlich wettbewerbsbeschränkende Vereinbarungen. Dazu prüft das **Bundeskartellamt**, das dem Bundeswirtschaftsminister untersteht, Zusammenschlüsse von **Großunternehmen**; es kann diese zulassen oder verbieten. Die Unternehmen können dagegen klagen; verboten sind z. B. Preisabsprachen.

Auch das EU-Recht beinhaltet Kartellgesetze; überwachendes Organ ist das **Europäische Kartellamt**.

3.   Rolle der Verbraucher und Konsumgewohnheiten

3.1   Bedürfnisse, Bedarf, Kaufkraft, Wirtschaften

Nach der Dringlichkeit unterscheidet man die folgenden **Bedürfnisse** eines Menschen:

- **Existenzbedürfnisse** sind Bedürfnisse, die befriedigt werden müssen, damit der Mensch sein Überleben sichern kann, z. B. Nahrung und Bekleidung.
- **Kulturbedürfnisse** sind Bedürfnisse des Menschen, die er als geistiges Wesen empfindet, z. B. Bildung oder Unterhaltung jeder Art.
- **Luxusbedürfnisse** des Menschen, wie z. B. exklusive Autos, eine Segeljacht; sie müssen nicht zwingend befriedigt werden.

Nach der Art der Bedürfnisbefriedigung unterscheidet man:

– **Individualbedürfnisse**: Dies sind Bedürfnisse des einzelnen Menschen, die er für sich selber befriedigen kann, z.b. essen, lesen, Auto fahren.

– **Kollektivbedürfnisse**: Diese sind Notwendigkeiten oder Wunschvorstellungen, die viele empfinden, z.b. Umweltschutz, Gesundheitspolitik, Bahn fahren.

Bedarf ist der Teil der Bedürfnisse, den der Mensch mit seinen finanziellen Mitteln (**Kaufkraft**) befriedigen kann. **Nachfrage** liegt vor, wenn der Bedarf am Markt wirksam wird, d.h. wenn gekauft wird.

Die **Mittel zur Befriedigung** der Bedürfnisse sind **wirtschaftliche Güter**. Wirtschaftliche Güter sind knapp, d.h. nicht unbegrenzt vorhanden, und ihre Produktion verursacht Kosten, so dass wirtschaftliche Güter einen **Preis** haben. Zu unterscheiden ist zwischen:

– **Sachgütern**, d.h. materiellen Gütern wie Produktionsgütern (Maschinen), Konsumgütern (Kücheneinrichtung), Verbrauchsgütern (Schmieröl im Betrieb, Waschpulver im Haushalt).

– **Dienstleistungen**, d.h. immaterielle Gütern wie Bankleistungen oder Versicherungen.

– **Rechten**, d.h. immateriellen Gütern, die dem Inhaber gewisse Ansprüche oder Berechtigungen sichern, wie Patente oder Lizenzen.

Im Gegensatz zu den knappen (wirtschaftlichen) Gütern stehen **freie Güter**. Diese sind im Überfluss vorhanden (Meeressand, Luft) und kosten deshalb grundsätzlich kein Geld.

Wirtschaftliches Handeln muss aufgrund der Güterknappheit einerseits und den prinzipiell grenzenlosen Bedürfnissen andererseits nach bestimmten Grundsätzen erfolgen. Unterschieden wird zwischen dem Minimal-Prinzip (auch als Sparprinzip bezeichnet) und dem Maximal-Prinzip:

– Nach dem **Minimal-Prinzip** wird versucht ein vorgegebenes Ziel unter Einsatz minimaler Mittel zu erreichen, z.B. möglichst kostengünstiger Einkauf einer bestimmten Rohstoffmenge.

– Beim Wirtschaften nach dem **Maximal-Prinzip** soll mit vorgegebenen Mitteln ein maximaler Erfolg erzielt werden, z.B. versucht ein Betrieb mit einer gegebenen betrieblichen Ausstattung an Maschinen, Mitarbeitern, Rohstoffen und Kapital eine möglichst große Ausbringungsmenge zu erreichen.

3.2   Haushaltsplan und Überschuldung

Gelingt es den Menschen nicht, so zu wirtschaften, dass sie mit ihren **Einnahmen** auskommen, also regelmäßig mehr **Ausgaben** haben, spricht man von **Überschuldung**. Die Folge kann dann sein, dass diese Menschen und ihre Familien aus dem „normalen" gesellschaftlichen Leben ausscheiden und nur noch eine staatlich gestützte Existenz führen (**Hartz IV**). Oft hilft dann nur die Einschaltung der **Schuldnerberatung** der Stadt, des Landkreises oder freier Träger (Kirchen). Diese Beratung ist in der Regel kostenlos.

Der **Haushaltsplan**, auch Einnahmen-Ausgaben-Rechnung genannt, ist die Basis nicht nur für eine Schuldenregulierung. Wenn einmal haargenau aufgelistet wird, was in einem Monat (und übers Jahr) für Lebensmittel, Miete, Auto, Versicherungen und Freizeit ausgegeben wird, bekommt jeder allmählich einen Begriff davon, wo das Geld bleibt.

Für den klaren Überblick über die **Einnahmen** (Gehälter, Zinsen) sowie die monatlichen festen Ausgaben (Miete, Versicherungsbeträge) und veränderlichen **Ausgaben** (Lebensmittel, Kleidung, Auto, Freizeit) dient ein **Haushaltsbuch**.

(→ *www.meine-schulden.de mit* **Haushaltsbuch** *des Sparkassendienstes Geld & Haushalt*)

3.3   Kaufvertrag mit Störungen und Verbraucherrechte

Alle **Verträge** müssen von mindestens zwei Vertragspartnern abgeschlossen werden, deren Willenserklärungen übereinstimmen.

Es gibt zwei Möglichkeiten, wie ein **Kaufvertrag** zustande kommen kann:

1. Der **Verkäufer** macht ein **Angebot**, das der **Käufer** annimmt, indem er zu den Bedingungen des Angebots bestellt.

2. Der **Käufer bestellt** eine Ware, ohne ein Angebot vorliegen zu haben, der **Verkäufer** muss diese Bestellung entweder ausliefern oder **bestätigen** (Auftragsbestätigung). Reagiert er nicht, gibt es keinen Kaufvertrag.

Jugendliche dürfen **Geschenke** auch ohne Zustimmung der Eltern annehmen (Schenkung ist ein Vertrag! § 107 BGB) und Kaufverträge mit dem ihnen **zur Verfügung** gestellten Geld abschließen, wobei **Barzahlung** Bedingung ist (§ 110 BGB). Damit ist ein Ratenkauf ausgeschlossen.

Ein 18-jähriger Käufer ist volljährig und damit voll geschäftsfähig. Eltern haften nur, wenn sie sich bei Vertragsabschluss (schriftlich) als Bürge in die Pflicht nehmen ließen.

Verträge können **schriftlich**, d.h. per Brief, Fax, Mail erfolgen oder **mündlich** oder telefonisch und durch **„konkludentes Handeln"**, d.h. nicken, Hand heben, handeln (= Willenserklärung) abgeschlossen werden.

Genügt **eine Willenserklärung** für eine rechtliche Handlung, dann spricht man von einem **einseitigen Rechtsgeschäft**.

Beispiele

– *Testament: Es gilt, wenn der Erblasser es formgerecht aufgestellt hat.*

– *Kündigung: Diese gilt erst dann, wenn sie dem zu Kündigenden zugegangen ist. Deswegen wird in der Regel ein Einschreiben mit Rückschein oder Übergabe-Einschreiben verwendet, um die Kündigung des Arbeits- oder Mietverhältnisses beweisen zu können.*

Sind **zwei Willenserklärungen** zum Zustandekommen eines Rechtsgeschäfts nötig, spricht man von einem **zweiseitigen Rechtsgeschäft**. Das gilt für alle Verträge.

Besitz und Eigentum

Besitz ist die tatsächliche Herrschaft über eine Sache, **Eigentum** ist die rechtliche Herrschaft über eine Sache.

Beispiel 1

Wenn ich das Auto meines Vaters fahre, bin ich der Besitzer und mein Vater ist der Eigentümer.

Beispiel 2

Wenn ich mein Haus vermiete, bleibe ich der Eigentümer, der Mieter ist der Besitzer.

Pflichten von Verkäufer und Käufer

Jeder **Kaufvertrag** beinhaltet für beide Parteien Pflichten (**Verpflichtungsgeschäft**), die jede auch erfüllen muss (**Erfüllungsgeschäft**).

– Der **Verkäufer** ist verpflichtet, dem Käufer die Sache rechtzeitig und mangelfrei zu übergeben **und** das Eigentum an der Sache zu verschaffen. Ein Dieb kann damit – rechtlich gesehen – keine Ware verkaufen, denn er ist kein Eigentümer.

– Der **Käufer** ist **verpflichtet**, die Sache abzunehmen **und** den vereinbarten Kaufpreis zu zahlen.

Um zu einem Vertrag zu gelangen, muss die **Annahme** des **Angebots**

– unter **Anwesenden** (auch am Telefon) **sofort** erfolgen,

– unter **Abwesenden** in einem Zeitraum bis zu dem unter normalen Umständen mit einer Antwort zu rechnen ist, z.B. bei einem Brief eine knappe Woche, beim Fax oder bei einer Mail am gleichen Tag.

Im Grundsatz ist das Angebot fest, es sei denn

- – der Verkäufer **widerruft** rechtzeitig (spätestens mit Eintreffen des Angebots beim Kunden muss der Widerruf da sein).
- – die Bestellung weicht vom Angebot ab und/oder der Kunde bestellt zu spät.

Diese letzten Willenserklärungen des Kunden stellen **neue Anträge** dar, die der Verkäufer annehmen oder auch nicht annehmen kann.

Freizeichnungsklauseln heben die Bindung an das Angebot auf oder schränken es ein, z.B. durch Klauseln, wie „Preiserhöhungen vorbehalten", „solange der Vorrat reicht", „Angebot unverbindlich".

Mit einer **Anfrage** lässt sich ein Kunde über Preise, Lieferbedingungen usw. informieren. Die Anfrage ist **rechtlich** immer **unverbindlich.**

Teilzahlungsgeschäfte (früher: **Abzahlungs- oder Ratenkäufe**) müssen

1. schriftlich abgeschlossen werden,
2. den Barzahlungspreis, Teilzahlungspreis, effektiven Jahreszins, Ratenzahlungen usw. enthalten.
3. Bei diesen Verträgen kann der Kunde **innerhalb von zwei Wochen** schriftlich – ohne Angabe von Gründen – von dem Vertrag zurücktreten.
4. Der **Kunde** muss über das **Widerrufsrecht belehrt** und dieses auch schriftlich zur Kenntnis genommen haben. Geschieht dies nicht, kann der Kunde innerhalb von 6 Monaten nach Vertragsabschluss widerrufen.
5. Das zustände Gericht für Klagen ist ausschließlich das am Wohnsitz des Kunden.

Umgang mit unbestellter Ware

Wird einem **unbestellte Ware** zugesendet, ist dies ein **Angebot**. Zahlt oder nutzt man die Ware, so kommt der Kaufvertrag zustande.

Ist der Kunde Privatmann oder Kaufmann ohne bestehende Geschäftsverbindung, so ist **kein Kaufvertrag** zustande gekommen. Der Empfänger ist dann höchstens verpflichtet, die Ware aufzubewahren (**nicht**: zurückzusenden oder zu bezahlen).

Welche **Inhalte** enthält üblicherweise ein **Angebot**?

1. **Art** (Bezeichnung der Ware), **Güte** und **Beschaffenheit und Menge** der Ware. Ohne Vereinbarung: Mittlere Art und Güte ist zu liefern.
2. **Preis**, inklusive Nachlässe wie Rabatt, Skonto
3. Wer trägt die **Verpackungskosten**?

4. **Zahlungsbedingungen**: Anzahlung, Barzahlung

5. **Lieferungsbedingungen** (Wer trägt die Frachtkosten?)

6. **Lieferzeit**. Ist nichts vereinbart, ist die Lieferung sofort fällig.

7. **Erfüllungsort** (= Wer haftet bei Lieferung, wenn diese auf dem Weg zum Kunden zerstört wird?) und **Gerichtsstand** (Für den Verbraucher ist der Gerichtsstand einer Klage immer an seinem Wohnort).

Nach dem BGB (§ 434) ist die Sache frei von **Sachmängeln**, wenn sie

– die vereinbarte **Beschaffenheit** aufweist oder wenn sie sich für die vereinbarte und erwartete **Verwendung** eignet und üblich ist.

Beispiele

Ein neues Fernsehgerät muss funktionieren, ein Waschmittel muss Verschmutzungen mittlerer Stärke entfernen, ein neues Auto muss ohne Reparaturen etliche 10.000 km hinter sich bringen.

– den **Eigenschaften** entspricht, die in der Werbung veröffentlicht wurden und die der Käufer erwarten kann.

Beispiel

Ein Hersteller wirbt für ein 4-Liter-Auto. Wenn es 7 Liter verbraucht, dann liegt ein Sachmangel vor.

Ein Sachmangel liegt auch vor, wenn eine **vereinbarte Montage** unsachgemäß durchgeführt oder eine **mangelhafte Montageanleitung** (die sogenannte IKEA-Klausel) den Käufer die gekaufte Sache nicht sachgerecht nutzen lässt.

Gesetzliche Gewährleistungsfristen

– In der (zweijährigen) **Gewährleistungsfrist** verändert sich nach dem ersten halben Jahr die Beweislast (**Beweislastumkehr**) beim **Verbrauchsgüterkauf** (Privatkunde bei Händler/Handwerker): Während in den ersten 6 Monaten nach Kauf davon ausgegangen wird, dass das Produkt von Anfang an fehlerhaft war, ist nach diesem Zeitraum der Kunde verpflichtet, zu beweisen, dass der gerügte Mangel schon zum Kaufzeitpunkt vorlag. Diese gesetzliche Frist kann **nicht** verkürzt werden. Diese Frist gilt auch für **Reparaturarbeiten**, während für **gebrauchte Sachen** der Händler mindestens 1 Jahr Gewährleistung geben muss.

– Die **Gewährleistungsfrist** für **Baumaterialien/Bauteile** beträgt **5 Jahre**, auch zwischen Händler/Handwerker und Hersteller.

Beispiel

Somit kann ein Handwerker für eingebaute Fenster, die der Kunde nach drei Jahren wegen Mängeln reklamiert, sich den Aufwand der Beseitigung des Mangels vom Hersteller erstatten lassen, wenn der Mangel schon bei Lieferung vorhanden war (= Unternehmerrückgriff).

Der **private Käufer** einer mangelhaften Sache (**Verbrauchsgüterkauf**) hat nach dem BGB folgende **Gewährleistungsrechte** gegenüber Händler oder Handwerker:

1. Auf **Nacherfüllung**, d.h. der Käufer kann nach seiner Wahl **Nachbesserung** (Reparatur; Faustformel: **zwei** Nachbesserungsversuche) oder eine **Ersatzlieferung** verlangen; bleibt dieses ohne Erfolg, dann:

2. **Rücktritt vom Kauf** gegen Rückgabe des Kaufpreises oder **Preisnachlass (Minderung)**, d.h. Herabsetzung des Kaufpreises.

3. **Schadenersatz bzw. Ersatz vergeblicher Aufwendungen**: Wenn der Käufer nach Ablauf einer dem Lieferanten gesetzten Frist zur Nacherfüllung sich eine Sache beschafft, die mehr kostet als die beim ursprünglichen Verkäufer bzw. diese selbst repariert oder reparieren lässt, hat der Verkäufer diese Kosten zu tragen. Auch Schäden aus mangelhafter Lieferung sind schadenersatzpflichtig.

Garantie und gesetzliche Gewährleistung im Vergleich

Treten innerhalb einer bestimmten Frist Schäden auf, garantiert der Hersteller kostenlose Nachbesserung, aber normalerweise weder Preisminderung noch Rücktritt (**Garantie** = freiwillig vom Hersteller).

Die **Sachmängelhaftung** des BGB geht über die Garantie hinaus. Dabei kann der Kunde, z.B. beim Fehlschlagen der Reparatur, vom Vertrag zurücktreten. Darauf muss der Verkäufer in seinen Garantiebedingungen ausdrücklich hinweisen. Nimmt der Käufer Garantie in Anspruch, dann bleibt die **Beweislast** die gesamte Laufzeit beim Verkäufer.

Privatleute untereinander können Gewährleistungsrechte ausschließen!

Zwei Kaufleute schließen einen **Kaufvertrag**: Ist der Kauf für beide Vertragspartner ein Handelsgeschäft (**zweiseitiger Handelskauf**), gelten ergänzend zum allgemeinen Kaufrecht folgende Regelungen nach dem **Handelsgesetzbuch (HGB)**:

– Der Käufer hat die Sache unverzüglich nach Erhalt durch den Verkäufer zu untersuchen (stichprobenartige **Prüfungspflicht**), und, wenn sich ein Mangel zeigt, dem Verkäufer unverzüglich diesen anzuzeigen (**Rügepflicht**).

– Unterbleibt dies, gilt die Sache als genehmigt, es sei denn, es liegt ein **versteckter Mangel** vor: Der ist unverzüglich nach der Entdeckung geltend zu machen, spätestens innerhalb von 2 Jahren.

– Der Käufer muss die beanstandete Sache einstweilig aufbewahren (**Aufbewahrungspflicht**). Bei verderblicher Sache kann der Käufer ohne vorherige Androhung diese z.B. öffentlich versteigern lassen.

Die **Allgemeinen Geschäftsbedingungen (AGB)** sind alle für eine Vielzahl von **Verträgen** vorformulierte Vertragsbedingungen, die dem Käufer vom Verkäufer einseitig auferlegt werden.

Danach gehört das „**Kleingedruckte**" nur dann zum Vertrag, wenn der **Käufer** ausdrücklich auf die AGB **hingewiesen** wurde (Hinweis auf der Vorderseite des Vertrages oder durch deutlich sichtbaren Aushang am Ort des Vertragsabschlusses); der **Käufer** in zumutbarer Weise, auch wenn er behindert ist, von ihrem Inhalt **Kenntnis** nehmen kann; die AGB normal **lesbar** und **verständlich** sind und der Käufer mit den AGB einverstanden ist.

Beispiele

– *Beim Kauf einer Heizungsanlage darf nicht automatisch ein Wartungsvertrag eingeschlossen sein.*

– *Ein Nachbesserungsvorbehalt in den AGB eines Möbelhauses kann beinhalten, dass die bestellten Möbel bei Fehlern nachgebessert werden. Dieses darf später allerdings nicht sichtbar sein. Ansonsten muss die Neulieferung, der Rücktritt vom Vertrag mit Rückaustausch der Leistungen ebenso möglich sein wie Minderung des Preises.*

Eine vertraglich geregelte Form des Schadensersatzes ist die **Konventionalstrafe**. Darunter ist eine Geldsumme zu verstehen, die der Schuldner (Lieferer) dem Gläubiger (Käufer) zu zahlen hat, wenn er seine vertraglichen Verpflichtungen nicht zeitgerecht erfüllt.

Beispiel

Bauunternehmen müssen bei vertraglichen Verzögerungen pro Tag eine bestimmte Geldsumme zahlen.

Zahlungsverzug

Der **Schuldner** einer **Geldforderung** kommt spätestens **in Verzug**, wenn er nicht **innerhalb von 30 Tagen** nach Fälligkeit und Zugang einer Rechnung oder Forderungsaufstellung zahlt. Diese Regelung gilt gegenüber einem **Verbraucher** nur, wenn der Kunde auf die Tatsache in der Rechnung besonders hingewiesen wurde (§ 286 Abs. 3 BGB).

Folgen sind:

– Der Gläubiger kann beim **einseitigen Handelskauf oder bürgerlichen Kauf** (Privat an Privat) ohne Nachweis eines konkreten Schadens einen **Zinssatz** von **5 %** über dem Basiszinssatz der Europäischen Zentralbank (EZB) ansetzen (Mai 2010 beträgt der Basiszinssatz 1,0 %).

Beispiel

Der Schreinermeister schickt seinem Kunden eine Rechnung „zahlbar sofort". Geht nach zwei Wochen kein Geld bei ihm ein, schickt er dem Kunden entweder eine Mahnung mit einer Frist von einer Woche oder er wartet 30 Tage nach Zugang der Rechnung ab. In diesen beiden Fällen gerät der Kunde nach Ablauf der Frist (nach 21 bzw. 30 Tagen) in Verzug.

Beim **zweiseitigen Handelskauf** (Unternehmen und Unternehmen) kann ein Verzugszins von **8 %** über dem Basiszinssatz erhoben werden. Neben der Forderung eines **pauschalen Zinssatzes** kann der Gläubiger auch einen höheren Zinssatz verlangen, wenn er diesen nachweisen kann, z.B. einen höheren Sollzinssatz der Bank des Gläubigers.

Verjährung

Eine Forderung ist **verjährt**, wenn diese gerichtlich nicht mehr eingeklagt werden kann. Der Schuldner kann dann die **Einrede der Verjährung** geltend machen, d.h. er hat das Recht die Zahlung zu verweigern.

Der Anspruch des Gläubigers bleibt allerdings bestehen. Zahlt der Schuldner in Unkenntnis der Verjährung, so kann er den Betrag dann nicht mehr zurückfordern.

Die **regelmäßige Verjährungsfrist** für Lohnforderungen, Zahlungen aus Kaufverträgen, Miete beträgt **drei** (volle) **Jahre**. Sie beginnt mit dem Ende des Jahres, in dem der Anspruch entstanden ist.

Beispiel

Entsendung der Rechnung am 20.08.2009 – Verjährung ab 01.01.2013

3.4   Weitere Verträge: Dienst-, Werk-, Miet- und Pachtvertrag, Leasing, Bürgschaft

Unterscheidung Dienst- und Werkvertrag

Beim **Dienstvertrag** (meist in Form eines Arbeitsvertrages, auch der Behandlungsvertrag des Arztes ist ein Dienstvertrag) verpflichtet sich der Arbeitnehmer zur Dienstleistung, der Arbeitgeber zur Vergütung dieser Dienste (§ 611 ff. BGB).

Beim **Werkvertrag** (§ 631 ff. BGB) wird der Unternehmer zur Herstellung oder Veränderung des versprochenen „Werkes" (z.B. Autoreparatur in der Werkstatt), der Besteller zur Zahlung verpflichtet. Der **Werkvertrag** ist immer **erfolgsbezogen**, d.h. funktioniert der Motor nach der Reparatur nicht, muss auch nicht bezahlt werden.

Ein **Dienstvertrag** ist **nicht erfolgsbezogen**, der Arbeitnehmer hat immer einen Anspruch auf Vergütung.

Besonderheiten beim Werkvertrag

Bei einem Werkvertrag kann es um die Herstellung oder Veränderung einer Sache gehen, aber auch um eine Dienstleistung, wie z.B. die Beförderung von Gütern oder die Planung und Bauüberwachung durch einen Architekten; dabei ist der **Erfolg** herbeizuführen.

Der **Unternehmer** ist verpflichtet, das Werk so herzustellen, dass es die vereinbarte Beschaffenheit hat. Ist das Werk nicht von dieser Beschaffenheit, kann der Besteller die Beseitigung des Mangels verlangen.

Mietvertrag und Pachtvertrag

Der **Mietvertrag** beinhaltet die Überlassung von Sachen auf Zeit, die gegen Entgelt genutzt werden. Nach Beendigung des Mietverhältnisses muss die gemietete Sache zurückgegeben werden. Vertragspartner sind Vermieter und Mieter (§ 535 ff. BGB).

Der **Pachtvertrag** geht weiter als der Mietvertrag. Er umfasst die Überlassung von Sachen **zum Gebrauch und zur Nutzung** gegen Entgelt (Ackerfläche, Gastwirtschaft). Der Pächter darf den Ertrag nutzen, muss allerdings den gepachteten Gegenstand nach Beendigung der Pachtlaufzeit zurückgeben.

Leasing

Leasing liegt vor, wenn Anlagen (Fabriken, Hallen), Investitionsgüter (Maschinen, Fahrzeuge) oder Fahrzeuge durch Hersteller (**direktes Leasing**) oder durch spezielle Leasing-Gesellschaften (**Leasing-Geber = indirektes Leasing**) vermietet werden.

Der **Leasing-Nehmer** (Nutzer) hat folgende Vorteile:

– Keine hohen Anschaffungskosten, die Kapital binden.

– Keine Überalterung von Anlagen, da eine regelmäßige Erneuerung Teil eines guten Vertrages ist.

– Die zu zahlenden monatlichen Raten (**Leasingraten**) sind für einen Unternehmer steuerlich absetzbar und über den Umsatz zu verdienen.

Bürgschaft

Bei einer Bürgschaft handelt es sich um einen Vertrag, der zwischen dem Gläubiger eines Kreditvertrages und dem Bürgen, der für die Erfüllung der Schulden des Dritten einzustehen hat, abgeschlossen wird. Bei der **Ausfallbürgschaft** (schriftlich!) muss der Bürge erst dann zahlen, wenn der Schuldner nicht zahlen kann und dadurch ein Ausfall eingetreten ist.

Der Gläubiger muss aber belegen können, dass er durch Zwangsvollstreckung in das gesamte Vermögen des Schuldners seine Forderungen nicht befriedigen konnte (Recht der „Einrede der Vorausklage", § 771 BGB).

Bei der **selbstschuldnerischen Bürgschaft** haftet der Bürge wie der Schuldner selbst. Der Gläubiger kann bei Nichtzahlung des Schuldners sofort den Bürgen für die Zahlungen heranziehen. Kaufleute können sich nur selbstschuldnerisch verbürgen, auch mündlich. Die Banken verlangen meist die selbstschuldnerische Bürgschaft.

3.5   Rechtliche Durchsetzung von Geldansprüchen, Insolvenz

Das **Amtsgericht** kann zur Durchsetzung von Forderungen genutzt werden durch

1. das **gerichtliche Mahnverfahren**, das mit dem Mahnbescheid beginnt, den Vollstreckungsbescheid umfasst und bis zur Zwangsvollstreckung (Pfändung) reichen kann.

2. das **Klageverfahren**, bei dem der Gläubiger sofort die Gerichtsverhandlung beantragt.

Der Gläubiger benutzt den **Mahnbescheid**, um einen über längere Zeit säumigen Schuldner zur Zahlung zu veranlassen. Der Gläubiger besorgt sich dazu im Schreibwarengeschäft oder im Internet einen Vordruck, füllt diesen aus (Parteien, zuständiges Gericht, Forderungen, Unterschrift) und reicht ihn bei seinem **Amtsgericht** (immer Amtsgericht!) ein, in dem Bezirk, in dem er seinen Wohn- oder Firmensitz hat.

Das Amtsgericht stellt den Mahnbescheid dem Schuldner zu, ohne den Anspruch zu prüfen. Die Kosten der Zustellung hat der Gläubiger zu zahlen.

Bei der **Zwangsvollstreckung** hilft der Staat dem Gläubiger, seine gerichtlich festgestellten Ansprüche durchzusetzen. Der Antrag geht dabei immer vom **Gläubiger** aus. Der **Gerichtsvollzieher** führt das Verfahren durch.

Die Zwangsvollstreckung kann erfolgen

1. in das bewegliche Vermögen des Schuldners (**Pfändung**),

2. in das unbewegliche Vermögen, z. B. Grundstücke,

3. in Forderungen und Rechte, z. B. Patente, Löhne/Gehälter (**Lohnpfändung**: dabei sind etwa 1.000,00 € bei einer Person nicht pfändbar).

Klage einreichen bei Gericht

In der **Klageschrift** stellt der Gläubiger (Kläger) seinen Anspruch gegen den Schuldner (Beklagter) dar; Inhalt: Parteien, Grund der Klage, Streitwert.

Örtlich zuständig ist das Gericht, in dessen Bezirk der Schuldner seinen Wohn- oder Firmensitz hat. Kaufleute untereinander können sich vertraglich auf einen Gerichtsstand einigen.

Sachlich zuständig ist das **Amtsgericht** beim Streitwert bis 5.000,00 € (ohne Anwaltszwang), ab 5.000,00 € das **Landgericht** (mit Anwaltszwang).

Insolvenz

Die **Insolvenzordnung** soll den in Zahlungsschwierigkeiten geratenen Privathaushalten wie Unternehmen Chancen zur Entschuldung geben.

Durch die Einleitung eines **Insolvenzverfahrens** soll die Aufstellung eines **Insolvenzplans** die Fortführung des Unternehmens ermöglichen (**Sanierung**) oder das Vermögen des Schuldners **gemeinschaftlich** (durch alle Gläubiger!) verwertet und der Erlös verteilt werden.

Der **Insolvenzantrag** kann durch Gläubiger oder durch den Schuldner selbst beim **Insolvenzgericht** (grundsätzlich immer Amtsgericht) gestellt werden, wenn Zahlungsunfähigkeit vorliegt.

Beim **Verbraucherinsolvenzverfahren** muss der Schuldner zuerst versucht haben, sich mit seinen Gläubigern **außergerichtlich** über einen **Plan** zur **Schuldenbereinigung** geeinigt haben.

Ist der Versuch innerhalb von sechs Monaten erfolglos geblieben, muss der Schuldner nach Beantragung des Verfahrens **Restschuldbefreiung** beantragen, ein **Verzeichnis** seines Vermögens und seines Einkommens vorlegen und einen **Schuldenbereinigungsplan** (er muss Schulden abarbeiten wollen!) aufstellen.

Das Gericht stellt diese Unterlagen den Gläubigern zu; wenn mehr als die Hälfte der Gläubiger dem Schuldenbereinigungsplan zustimmt, kann das Gericht die Zustimmung der widersprechenden Gläubiger ersetzen und den Schuldner schuldenfrei stellen.

3.6   Verbraucherschutz und -beratung

Seit 2005 gibt es das **Bundesministerium für Ernährung, Verbraucherschutz, Landwirtschaft** in Berlin, durch das alle maßgeblichen verbraucherpolitischen Zuständigkeiten auf der Bundesebene gebündelt werden. In den einzelnen **Bundesländern** gibt es jeweils Verbraucherschutzminister.

Einige wesentliche Bestimmungen des **Verbraucherrechts** sind:

- – das **Gesetz gegen unlauteren Wettbewerb** (UWG), das den Verbraucher vor unseriöser Werbung schützen soll.
- – die **Preisangabenverordnung:** Sie regelt, dass jede Ware einen Preis erhält, der die Umsatzsteuer einschließt (Bruttopreis).
- – das **Widerrufsrecht bei Haustürgeschäften** (§ 312 BGB): Der Kunde kann von Haustürverträgen, Verträgen vor Supermärkten, bei Kaffeefahrten innerhalb von 2 Wochen schriftlich, ohne Angabe von Gründen zurückzutreten. Diese **Widerrufsfrist** gilt auch für **Kreditverträge** und **Abzahlungsgeschäfte;**

– die Reform des **Lebensmittelrechts**: seit 2005 muss jedes Lebensmittel rückverfolgbar sein – und zwar „vom Acker bis zum Teller", um bei Mängeln den Schuldigen finden zu können.

Zur **marktwirtschaftlichen** Ordnung gehört auch, dass die **Verbraucher** sich objektiv über die Waren **informieren** können. Der Staat finanziert dies. Zu nennen sind folgende **Verbraucherorganisationen**:

1. „Verbraucherzentrale Bundesverband e.V." als Dachorganisation aller Verbände

2. **Stiftung Warentest**, Berlin. Dieses unabhängige Institut führt laufend vergleichende Tests von Produkten und Dienstleistungen durch. Publikationen: Test, Finanztest, Ökotest

3. 16 **Verbraucherzentralen** mit über 200 Beratungsstellen bundesweit

4. **Schuldnerberatungsstellen** der Landkreise, Städte

Auch kann über das Internet Rat eingeholt werden, z.B. bei einer **Verbraucherberatungsstelle**.

www.verbraucherzentrale.de; www.verbraucherministerium.de

Verbraucherschutz der EU

Die **EU** ist aktiv, wenn es um den Schutz der **Gesundheit** oder den **Umweltschutz** geht. So ist z.B. die Verwendung von Hormonen zur Tiermast europaweit verboten; auch wurden Hygienekontrollen bei Frischfleisch vorgeschrieben.

Daneben hat die EU Richtlinien zum **Verbraucherkredit,** zur Produkthaftung und Produktsicherheit erlassen, die durch Umsetzung in nationales Recht europaweite Standards setzen sollen.

Auch das **Einkaufen in der EU** wird unterstützt. Verbraucher, die im EU Ausland Waren oder Dienstleistungen in Anspruch nehmen, kommen seit einigen Jahren leichter an rechtliche Hilfe. Sie erhalten per **Internet** unter www.euro-info-kehl.com oder www.ecommerce-verbindungsstelle.de Infos über landestypische Rechtsregeln und praktische Hilfe bei Problemen; auch telefonisch unter: 07851/991480.

3.7   Kreditvertrag

Ein **Kreditvertrag** ist ein Vertrag zwischen **Kreditgeber** (Bank) und **Kreditnehmer** zur Überlassung von Geld auf Zeit gegen Zahlung von Zinsen und eventuell Gebühren. Der Verbraucher sollte **vor Abschluss** eines Vertrages die Bedingungen (Zinsen, Laufzeit) der einzelnen Banken vergleichen, Vorsicht walten lassen bei privaten Kreditvermittlern, den effektiven Jahreszinssatz und mögliche sonstige Kosten (Gebühren) gegenüberstellen und das (schriftliche) **Recht zum Widerruf** innerhalb von zwei Wochen ohne Angabe von Gründen nutzen, falls das für nötig erachtet wird.

Als **Effektivverzinsung** bezeichnet man die tatsächlich gezahlten Zinsen für einen Kredit unter Berücksichtigung aller Kostenbestandteile. Das sind Zinsen, Bearbeitungsgebühr und Kontoführungsgebühren, die die effektiven Kosten erhöhen.

Beim **Kontokorrentkredit** (privat: **Dispokredit**) räumt ein Kreditinstitut dem Kreditnehmer auf dessen Girokonto (Kontokorrentkonto = „laufendes Konto") einen Kredit bis zu einer bestimmten Überziehungshöhe ein (**Kreditlimit**). Die hohen Zinsen (12–18 % pro Jahr) werden nur für den tatsächlich in Anspruch genommenen Kredit berechnet.

4. Existenzgründung

Rechtliche Situation bei Gründung:

Anmeldepflicht besteht bei folgenden Behörden und Einrichtungen:

1. **Gewerbeamt** der Gemeinde: Anmeldung des Gewerbes und Beantragung des Gewerbescheins.

2. **Handwerkskammer**: Handels- und Industriebetriebe haben sich bei der Industrie- und Handelskammer anzumelden. Nachweis der Befähigung nach Handwerksordnung (in der Regel Meisterprüfung) und Eintragung in die Handwerksrolle.

3. **Finanzamt**: Die Anmeldung des Betriebes erfolgt im Regelfall bereits durch das Gewerbeamt, vom Finanzamt wird dann eine Betriebs- und Steuernummer zugeteilt.

4. **Berufsgenossenschaft**: Betriebseröffnungsanzeige innerhalb einer Woche, alle Beschäftigten sind zu versichern; der Eigentümer nur, wenn die Satzung der Berufsgenossenschaft dies vorsieht.

Der Weg von der **Geschäftsidee** bis zur **Eröffnung der eigenen Firma** dauert je nach Branche und eigenem Wollen bis zu zwei Jahren. Die folgenden **Phasen** können wichtige Anregungen geben, zügig an das Ziel zu gelangen.

Selbstüberprüfung

– Sind die fachlichen Voraussetzungen gegeben?
– Sichern die finanziellen Mittel ein Mindestmaß an Investitionen?
– Wollen Sie allein oder mit einem Partner/Partnerin beginnen?
– Haben sie die Unterstützung Ihrer Familie/Partnerin?

Informationen

– Welche Behörden sind wichtig? Krankenkasse? Deutsche Rentenversicherung? Bundesagentur für Arbeit? Patent- und Markenschutz?
– Benötigen Sie auswärtige Berater? Rechtsanwälte für Arbeits- und Mietverträge?

– Prüfen Sie Zielgruppe, Konkurrenzprodukte, Preisspielraum für ihr Produkt.

– Klären sie die passende Rechtsform für ihr Unternehmen: Als Einzelunternehmer haften Sie für alles; bei einer OHG oder KG müssen Sie mit Gesellschaftern auskommen, bei einer GmbH haften Sie nur mit dem Firmenvermögen, bekommen anderseits deshalb nur schwer Kredite.

– Nun folgt die Namensgebung; dabei muss die **Firma** (der Name unter dem der Unternehmer auftritt und unterschreibt) der Größe entsprechen (Wahrheit: „Göttinger Bäckerei" und nicht „Deutschland backt") und es sollte eine einprägsame Internet-Adresse eingetragen werden.

Die Konzeption

Wesentlich ist dabei der **Businessplan**, der für den Unternehmer selbst und für Geldgeber Idee, Zielgruppe, Kundennutzen, Marktchancen, Finanzbedarf und eine Vision für die ersten Jahre beinhaltet. Dabei hat sich der Unternehmensgründer in die Lage eines Geldgebers zu versetzen: Würde ich meinem Unternehmen bei dieser Planung Geld geben?

Entscheidung und Realisierung

Der Gründungszeitpunkt wird festgelegt. Dann:

– Bankgespräche führen

– Geschäftsräume auswählen und Objekt kaufen oder mieten

– Infrastruktur und Logistik sichern: Energiebedarf, Telefonanlage, Maschinen und Fahrzeuge auswählen und bestellen; EDV einrichten

– Lieferanten und Kunden kontaktieren

– Lokale Presse informieren

– Firma anmelden und Handelsregistereintrag beim Amtsgericht beantragen

– Personal einstellen und Arbeitsverträge schließen

Start

Eröffnung durch Feier bekannt machen: Lieferanten, Kunden, Presse einladen. Werbeträger wie Inserate oder lokale Radioinfos für Eröffnungsangebote nutzen. Wichtig: Die Entwicklung des Unternehmens von Anfang an kontrollieren und bei Planabweichungen sofort reagieren.

Lassen Sie sich nicht von den vielen möglichen komplizierten Punkten von ihrer **Selbstständigkeit** abbringen, denn **Vorteile** können sein:

– Entscheidungen selber treffen und keine Vorgesetzten

– Ein hoher Grad an persönlicher Freiheit

– Gesellschaftliches Ansehen durch Erfolg

Meisterzwang

Für ehemals 94 Handwerksberufe war bis 2003 die **Meisterprüfung** notwendig, um sich selbstständig machen zu können. Seit dem 01.01.2004 besteht der Zwang zur Meisterprüfung als Voraussetzung zur Selbstständigkeit in **41 Gewerken** weiter. Es handelt sich vor allem um solche Handwerke, die bei nicht fachgerechter Ausübung Gesundheitsgefahren für Dritte bergen.

Zu diesen **Handwerken** gehören: Zimmerer, Dachdecker, Tischler, Maurer und Betonbauer, Elektrotechniker, Bäcker und Konditor, Fleischer, Friseure, Karosserie- und Fahrzeugbauer, Kraftfahrzeugtechniker, Maler und Lackierer und Orthopädiemechaniker.

5. Soziale Marktwirtschaft und Globalisierung

5.1 Grundregeln der Marktwirtschaft

Angebot und Nachfrage sind wesentliche Bestandteile einer Marktwirtschaft.

Die **Anbieter (Unternehmer)** entscheiden, welche Waren hergestellt oder Dienstleistungen angeboten werden. Sie versuchen dann, diese auf dem Markt zu verkaufen. Sie entscheiden auch darüber, zu welchem Preis die Waren oder Dienstleistungen angeboten werden.

Letztlich beeinflussen aber die **Verbraucher** durch ihre Nachfrage, welche Produkte und Dienstleistungen auf dem Markt abgesetzt werden können. Finden sich keine Käufer, dann hat die Leistung keine Chance auf dem Markt. Mit ihren Kaufentscheidungen können die Verbraucher also die Herstellung und Vermarktung von Waren und Dienstleistungen bestimmen. Über Werbung und andere Maßnahmen versuchen die Anbieter die Verbraucher für ihre Produkte zu gewinnen.

Anbieter, die die Wünsche und Bedürfnisse am ehesten erfüllen, sind am erfolgreichsten. Einige der wichtigsten Erfolgsfaktoren sind dabei gute Qualität, freundliche und kompetente Beratung und angemessene Preise. Für die Verbraucher ist es vorteilhaft, wenn ein Wettbewerb zwischen verschiedenen Anbietern besteht, sie also zwischen den Anbietern wählen können.

5.2 Unsere Wirtschaftsordnung: Die Soziale Marktwirtschaft

Wesentliche Grundsätze der **Sozialen Marktwirtschaft** sind die Kombination von Freiheit, Wettbewerb und dem sozialen Ausgleich.

- **Konsumfreiheit**: Jeder Verbraucher kann Güter beliebiger Wahl kaufen.

- **Gewerbefreiheit**: Freiheit bei der Nutzung des Eigentums, freie Wahl des Berufs- und Arbeitsplatzes; Handels- und Produktionsfreiheit

– **Wettbewerbsfreiheit**: Verkäufern und Käufern steht es frei, so günstig wie möglich zu verkaufen bzw. zu kaufen.

– **Freiheit des Eigentums**: Jeder darf Eigentum haben und es nutzen, es sei denn, die Nutzung verstößt gegen das Gemeinwohl (z.B. der Unternehmer produziert gesetzeswidrige Güter).

Als „Vater des deutschen Wirtschaftswunders" wird **Ludwig Erhard** (1897–1977) bezeichnet, der nach dem verlorenen Krieg federführend das Konzept der sozialen Marktwirtschaft entwarf, die er als erster deutscher Bundeswirtschaftsminister (1949–1963) unter dem Bundeskanzler Konrad Adenauer erfolgreich durchsetzte. Der von ihm eingeleitete wirtschaftliche Aufschwung führte zu einer Steigerung des Lebensstandards der Deutschen in der damaligen Bundesrepublik Deutschland, wie es nicht für möglich gehalten wurde.

Aus **wirtschaftspolitischen Gründen** und um den Wettbewerb zu sichern, wird vom Staat bzw. seinen Gerichten in die Marktfreiheit eingegriffen. Ein Beispiel hierfür ist das Unterbinden von Monopolen (nur ein Anbieter) und Kartellen (z.B. Preisabsprachen von Wettbewerbern) → *Kartell*.

Beim **sozialen Ausgleich** geht es um Einkommensausgleich zwischen Arm und Reich, Vermögensbildung für alle Schichten und Sozialleistungen für Bedürftige.

5.3   Arbeitsteilung als Merkmal einer Marktwirtschaft

Der Begriff Arbeitsteilung drückt aus, dass eine Güterproduktion in einzelne Teilverrichtungen oder Arbeitsgänge aufgespalten wird, die dann von verschiedenen Personen, Abteilungen, Betrieben, Wirtschaftsbereichen oder ganzen Volkswirtschaften erledigt werden.

Entsprechend wird zwischen **beruflicher Arbeitsteilung, gesellschaftlich-technischer** Arbeitsteilung, **volkswirtschaftlicher** Arbeitsteilung und **internationaler** Arbeitsteilung unterschieden.

Die mit der Arbeitsteilung verbundene **Spezialisierung** (die Begabungen einzelner Menschen lassen sich zum Nutzen des Einzelnen und der Gesellschaft einsetzen = er produziert mehr als er kostet) schafft **Produktivitätsgewinne** (durch verbesserten Einsatz von Maschinen kann in der gleichen Zeit mehr produziert werden) und führt damit zu preiswerterer und verbesserter Güterversorgung.

Andererseits wächst durch Arbeitsteilung die **gegenseitige Abhängigkeit** (Russland liefert etwa 60 % des deutschen Rohöls), die Arbeit des Einzelnen kann zu Monotonie und Verlust der Arbeitsfreude führen.

5.4   Globalisierung und seine Auswirkungen

Der Begriff **Globalisierung** steht für weltweiten Güteraustausch, für unbegrenzte Reisemöglichkeiten und Sekunden schnellen Informationsaustausch durch Internet.

Neu ist diese **Grundidee** nicht: Die Zeit der Entdeckungsreisen im Mittelalter ermöglichte weltweite Verbindungen durch rasche Fortschritte in der Seefahrtstechnik. Im 19. Jahrhundert führten die Erfindung der Elektrizität und die dann folgende Verbreitung des Eisenbahnnetzes zum weiteren Ausbau des internationalen Handels. Der heutige rasante technologische Fortschritt hat diese Entwicklung revolutioniert und beschleunigt, und es sind nahezu alle Teile der Welt in diesen Prozess einbezogen: Alle an irgendeinem Ort der Erde produzierten Güter und Dienstleistungen sind praktisch an jedem anderen Ort verfügbar.

Für **Deutschland** ist dieser weltweite Handel ganz besonders wichtig, denn auf die gesamte Wirtschaft bezogen hängen bei uns zwei von fünf Arbeitsplätzen direkt oder indirekt von dem Geschäft mit dem Ausland ab, in der Industrie sind es sogar drei von fünf Arbeitsplätzen. Deutschland als sogenannter **Exportweltmeister** ist weltweit führend in der Ausfuhr von Autos, Maschinen, chemischen Erzeugnissen und in der Kraftwerks- und Turbinentechnik. Die Einkommen vieler Menschen in Deutschland hängen von diesen Exporten und Importen ab. Gerade in der 2009 deutlich sichtbar gewordenen **Finanz- und Wirtschaftskrise** zeigt sich die große Abhängigkeit von der Nachfrage im Ausland: Kurzarbeit, zunehmende Staatsbeteiligung an Unternehmen und eine immer größer werdende Staatsverschuldung belasten Bürger, Unternehmer und Politiker.

Eine zusätzliche neue Bedeutung erhält die Globalisierung auch dadurch, dass **Unternehmen im Ausland** Niederlassungen gründen und dort produzieren. Häufig können sie dort preiswerter produzieren, denn Löhne, Preise für Boden oder Steuern sind oft niedrig (Standortpolitik). Außerdem können sie näher bei den Kunden sein (Absatzmarkt) und sparen dadurch Transportkosten und Zölle.

Aber auch das Land, im dem das Unternehmen gegründet wird, hat Vorteile: Es erhält Zugang zu neuen Technologien und bekommt neue und bessere Arbeitsplätze und kann langfristig hochwertige Produkte oder Dienstleistungen weltweit anbieten. **Indien**, eines der ärmsten Länder der Welt, exportiert Informationstechnologie und ist darin weltweit mit führend.

Einige Aspekte der Globalisierung

Die zum Teil negativen Äußerungen über die Globalisierung (stärkerer internationaler Wettbewerb von Unternehmen um Marktanteile und dadurch Arbeitsplatzabbau, die Reichen werden immer reicher) halten einer Betrachtung der letzten 50 Jahre nicht stand. So hat sich in den Industrieländern in der zweiten Hälfte des 20. Jahrhunderts die **Wirtschaftsleistung**

(**Bruttoinlandsprodukt**) je Einwohner **verdreifacht**. In einigen ehemaligen Entwicklungsländern wie zum Beispiel Südkorea stieg das Pro-Kopf-Einkommen zu heutigen Preisen um mehr als das Zehnfache.

Mit dem Wirtschaftswachstum kam auch der medizinische Fortschritt: Die **Lebenserwartung** stieg um mehr als 10 Jahre in den Industrieländern und im Schnitt um mehr als 20 Jahre in den Entwicklungsländern.

Die Globalisierung erhöht den **Wettbewerb** um **Standorte**. Wenn Waren, Dienstleistungen, Rohstoffe, Arbeitskräfte oder Kapital nicht künstlich daran gehindert werden, gehen sie in einer **offenen internationalen Wirtschaft** dorthin, wo sie am besten arbeiten können. Wo das ist, das hängt von den jeweiligen Rahmenbedingungen eines Landes ab, beispielsweise von der Sicherheit, vom Rechtssystem, den Bildungseinrichtungen, der Infrastruktur (Straßen, Bauplätze, Freizeiteinrichtungen) oder der steuerlichen Belastung der Unternehmen.

Eine wesentliche Rolle für die Globalisierung spielen **multinationale Unternehmen (Multis).** Das sind international tätige Unternehmen, die durch Tochtergesellschaften oder Betriebsstätten in zahlreichen Staaten präsent sind. Ihre Absatzmärkte sind auf viele Länder verteilt und sie steuern ihre Aktivitäten von einer Zentrale im Heimatland aus.

Kritik an den Multis hat sich im Zusammenhang mit der zunehmenden Globalisierung insbesondere aufgrund ihres erheblichen wirtschaftlichen Einflusses in den Zielländern entwickelt. Sie können politisch Einfluss nehmen und Gewinne dorthin verlagern wo keine oder wenig Steuern gezahlt werden.

5.5 Ziel und Inhalt des Datenschutzes (Bundesdatenschutzgesetz)

Das **Bundesdatenschutzgesetz** soll den Einzelnen davor schützen, dass er durch den Umgang Anderer mit seinen personenbezogenen Daten in dem Persönlichkeitsrecht beeinträchtigt wird *(siehe Artikel 1 Grundgesetz: Die Würde des Menschen ist unantastbar.)* Das Gesetz gilt für die

- **Erhebung** (ein Kunde hinterlässt seine Daten),
- **Verarbeitung** (Rechnung wird erstellt) und
- **Nutzung** (Kundendaten werden gespeichert und für weitere Anschreiben verwendet)

personenbezogener Daten (Name, Wohnort, Beruf).

Auch **sachliche Daten** (Vermögen, Einkommen und anderes) werden vom Gesetz geschützt.

Das Gesetz unterscheidet dabei

- **öffentliche Stellen** (Bund, Länder, Kreise, Städte, da z.B. Einwohnermeldeamt und Gesundheitsamt),

- **nichtöffentliche Stellen** (Handwerksbetriebe, Banken, Arztpraxen, Apotheken), die Daten geschäftsmäßig oder für gewerbliche Zwecke verarbeiten oder nutzen. Dies darf nur auf gesetzlicher Grundlage und im Rahmen eines Vertragsverhältnisses wie beim Kaufvertrag geschehen.

Dabei ist das **Datengeheimnis** zu wahren.

Der/die Beauftragte für den Datenschutz

Handels- und Handwerksbetriebe, Arztpraxen, Labors – also nichtstaatliche Stellen –, die personenbezogene Daten verarbeiten, haben einen Beauftragten für den Datenschutz schriftlich zu bestellen,

- wenn bei der elektronischen Verarbeitung von Daten mindestens 5 Arbeitnehmer ständig hiermit beschäftigt werden;
- wenn bei der manuellen Verarbeitung von Daten mindestens 20 Beschäftigten tätig sind.

Liegen diese Bedingungen vor, dann hat der/die **Datenschutzbeauftragte** – der/die in seinem/ihrem Tätigkeitsbereich weisungsfrei ist – die folgenden wesentlichen Aufgaben:

- er/sie soll den Einsatz des Datenverarbeitungsprogramms überwachen,
- er/sie soll die Mitarbeiter im Datenschutz schulen.

Dabei hat der Betrieb dem/der Beauftragten alle notwendigen Informationen zur Verfügung zu stellen.

5.6   Allgemeines Gleichbehandlungsgesetz (AGG)

Seit 18. August 2006 gilt das **Allgemeine Gleichbehandlungsgesetz (AGG)**, das den umfassenden Schutz von Beschäftigten vor Benachteiligungen aus Gründen der Rasse, der ethnischen Herkunft, des Geschlechts, der Behinderung, des Alters, der Religion oder Weltanschauung und der sexuellen Identität zum Gegenstand hat. Damit sind sämtliche Phasen des Arbeitsverhältnisses – von der Stellenbeschreibung über die Einstellung und Beförderung bis hin zur Beendigung dem Gesetz unterworfen. Als Benachteiligungen gelten dabei unmittelbare Benachteiligungen, z.B. ein Mann wird ohne objektive Gründe einer Frau vorgezogen, mittelbare Benachteiligungen, die in Richtlinien zur Beförderung oder Betriebsvereinbarungen enthalten sind. Auch sexuelle Belästigungen und Anweisungen zur Belästigung (Mobbing) sind Benachteiligungen im Sinne des Gesetzes.

Verstößt ein Arbeitgeber gegen diese Inhalte, z.B. durch die Formulierung „Junge dynamische Führungskraft gesucht" in Zeitungsanzeigen, dann hat ein abgelehnter älterer Bewerber mit gleicher Qualifikation die Möglichkeit, bis zu drei Monatsgehälter als Schadenersatz von dem Arbeitgeber zu fordern.